城市大脑平台应用与运维

高级

阿里云计算有限公司　编著

清华大学出版社

北　京

内 容 简 介

本书从阿里云城市大脑智能引擎的核心能力出发,分别使用"代码实现"和"非代码实现"两种不同的项目实现方式模拟了"智慧交通""城市管理"两个背景下的多个不同应用场景,并以项目任务的方式分别设计了不同的项目和任务模块,介绍了智能语音应用开发、自然语言处理应用开发及智能视觉应用开发的方法。项目1设计了面向交通场景的大巴车调度功能、道路状况反馈评价系统;项目2设计了高速路绿色通道卡口模型;项目3在"非代码实现"的两个应用场景下,从数据预处理到二分类算法搭建,讲述了机器学习平台PAI中PAI-Studio可视化建模工具的使用;项目4设计了违章车牌识别和区域车流预测两个不同的场景化任务;项目5面向城市管理设计了违章建筑识别场景化任务,讲解了视觉应用中不同算法的应用和实现。其中,项目5是拓展项目,读者可以选学。

本书可作为高校计算机相关专业、人工智能相关专业学生的教材,也可供相关科研人员、人工智能爱好者参考。

图书在版编目(CIP)数据

城市大脑平台应用与运维:高级 / 阿里云计算有限公司编著 . — 北京:清华大学出版社 , 2021.10
ISBN 978-7-302-58854-2

Ⅰ . ①城… Ⅱ . ①阿… Ⅲ . ①城市管理 – 计算机管理系统 – 教材 Ⅳ . ① F293-39

中国版本图书馆 CIP 数据核字(2021)第 158277 号

责任编辑: 郭丽娜 杜 晓
封面设计: 常雪影
责任校对: 赵琳爽
责任印制: 刘海龙

出版发行: 清华大学出版社
  网　　址:http://www.tup.com.cn,http://www.wqbook.com
  地　　址:北京清华大学学研大厦 A 座　　　　　　邮　　编:100084
  社 总 机:010-62770175　　　　　　　　　　　　邮　　购:010-62786544
  投稿与读者服务:010-62776969,c-service@tup.tsinghua.edu.cn
  质量反馈:010-62772015,zhiliang@tup.tsinghua.edu.cn
  课件下载:http://www.tup.com.cn,010-83470410
印 装 者: 三河市君旺印务有限公司
经　 销: 全国新华书店
开　 本: 185mm×260mm　　**印　 张:** 12.25　　　　**字　 数:** 256 千字
版　 次: 2021 年 10 月第 1 版　　　　　　　　　**印　 次:** 2021 年 10 月第 1 次印刷
定　 价: 49.00 元

产品编号:093424-01

前　言

P r e f a c e

城市是人口、产业、资源等的集聚之地，是各种现代治理难题的发生之地，同时也是数字治理最为集中的全景单元。城市是伴随人类社会与科技进步不断发展的，为了与当下飞速发展的科技相适应，城市的新形态——智慧城市应运而生。智慧城市的概念从提出就在不断的演化发展，在当下，融合了新一代人工智能技术的"城市大脑"成为智慧城市发展的新的"制高点"。

城市大脑作为支撑未来城市可持续发展的全新基础设施，有利于推动城市治理、安全保障、产业发展、公共服务等各领域的数字化转型升级，从而提高城市治理水平，并实现城市治理能力的科学化、精细化和智能化，进而逐步解决交通拥堵、环境污染等城市发展过程中的各种难题。

阿里云城市大脑平台是基于云计算、大数据、人工智能、物联网等新一代信息技术构建的人工智能开发创新和运营平台。城市大脑平台是整个城市可持续发展的全新基础设施和智能中枢，可以对整个城市进行全局实时分析，利用城市的数据资源优化调配公共资源，并将最终进化成为能够治理城市的超级智能手段。

本书以《城市大脑平台应用与运维职业技能等级要求（高级）》为根据，主要用于开展"城市大脑平台应用与运维（高级）1+X证书"相关的教学和培训工作。全书内容按项目的形式进行组织，项目的设计来自城市大脑平台在智慧交通及城市管理场景的应用模拟，面向交通场景设计了大巴车调度功能、道路状况反馈评价系统、高速路绿色通道卡口模型、违章车牌检测、区域车流预测五个不同场景化的项目；面向城市管理设计了社区火情检测和违章建筑识别两个场景化的项目。项目的开始先介绍项目的背景、项目实现的架构以及项目设计的理论和技术知识，并通过具体任务详细分解了代码，解读了代码实现的重难点、数据集预处理及数据集标注、模型搭建及训练实现、模型预测及预测结果，难度逐级递增，循序渐进。

本书配套有视频、实验手册、实验代码等数字化学习资源，读者可以扫描书中二维码或登录"阿里云全球培训中心"网站进行学习。

实验手册   实验代码

感谢在本书出版过程中给予指点的各位老师和同仁，感谢清华大学出版社编辑的细心和专业指导。由于编者水平有限，书中难免会有疏漏之处，恳请广大读者批评指正。

阿里云计算有限公司
2021年6月

目 录
Contents

项目1

智能语音及自然语言处理应用的开发
—— 以交通行业场景为例

 项目概述

1. 项目背景

人工智能技术在城市大脑平台中发挥着核心作用，同时也离不开与其他新技术（互联网、信息通信技术、物联网、云计算、大数据）之间的协同发展，其中与大数据和云计算技术的关系最为紧密。本项目面向智能语音及自然语言处理应用的开发设计了城市交通领域中两个不同的人工智能应用场景，分别是大巴车调度系统和道路状况反馈评价系统，通过两个模拟任务来介绍城市大脑平台中经常用到的智能语音和自然语言处理技术。

大巴车调度功能通过阿里云智能语音交互平台来实现，该场景模拟了客运站的大巴车调度系统功能。本项目设计的模拟道路状况反馈评价系统基于阿里云语义情感分析 API 完成，对道路状况评价信息进行一段时间的连续分析，实现对道路状况反馈信息的趋势分析。情感分析是自然语言处理中常见的场景，情感分析可以采用基于情感词典的传统方法，也可以采用基于深度学习的方法。

2. 项目架构

本项目中的两个任务分别在阿里云智能语音交互平台和阿里云 PAI-DSW（platform artificial intelligence-data science workshop，以下统称 PAI-DSW 平台）平台上实现，通过可视化的语音交互和编写 Python 代码调取语义识别 API，完成大巴车调度、道路状况反馈评价系统。本项目从易到难，以两种不同的实现方式完成了智能语音识别、语义情感分析两个人工智能应用的开发。

3. 项目知识

本项目使用阿里云智能语音交互和阿里云 PAI-DSW 作为实验平台，以阿里云语音识别、语义识别 API 为基础来完成。本项目涉及的知识：任务 1-1 介绍了智能语音交互技术，以及语音识别 API 的关键参数知识；任务 1-2 介绍了自然语言处理技术的知识，以及语义情感分析 API 的关键参数；因为要使用阿里云 PAI-DSW 作为实验平台，所以也介绍了 PAI-DSW 的基础知识。

 学习目标

1. 知识目标

- 了解语音、语义识别 API 的相关参数。
- 了解语音、语义识别 API 的基本调用方法。
- 了解项目所需 Python 代码包。

2. 技能目标

- 能够使用阿里云智能语音交互平台完成语音识别。
- 能够创建、启动、停止、释放阿里云 PAI-DSW 实例资源。
- 能够在阿里云 PAI-DSW 中配置项目运行所需的代码环境。
- 能够在阿里云 PAI-DSW 实例中完成阿里云语义识别 API 的调用。

项目导图

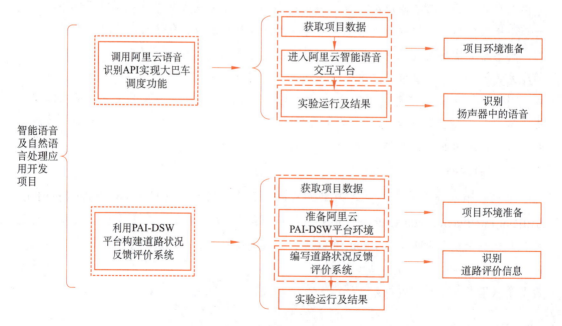

任务 1-1　调用语音识别 API 实现大巴车调度功能

■ 任务目标

- 了解智能语音系统架构及语音应用算法。
- 了解大巴车调度项目所需实验数据要求。
- 了解大巴车调度项目中阿里云智能语音交互平台的作用。
- 掌握阿里云智能语音交互平台的基础使用方法。

■ 任务描述

本任务主要讲述了人工智能中的语音处理技术的特点及应用，通过调用封装好的语音处理功能模块，完成大巴车调度项目中阿里云智能语音交互平台的使用。

■ 任务分析

本任务需要准备相应大巴车调度站的语音数据。打开阿里云智能语音交互平台，插上带有扬声器的耳机，通过读出相应的大巴车调度站的信息，屏幕上会显示读出的大巴车调度站文字信息。

 知识准备

1. 智能语音交互技术概述

智能语音交互（intelligent speech interaction）技术是基于语音识别、语音合成、自然语言理解等的技术，在多种实际应用场景下赋予机器“能听、会说、懂你”式的智能人机交互功能。智能语音交互可用于智能问答、智能质检、法庭庭审实时记录、实时演讲配字幕、访谈录音转写等场景，在金融、司法、电商等多个领域均有应用。智能语音交互系统主要包括语音识别和语音合成两部分。

1）语音识别

语音识别是将语音转换成文字的技术，是实现智能语音交互的核心技术之一，即机器可以自动将人的语言转成文字。语音识别是一门交叉学科，涉及的领域包括信号处理、模式识别、概率论和信息论、发声机理和听觉机理、人工智能等。语音识别的常用场景如下。

（1）呼叫中心语音质检：对对话进行识别，得到文本，进一步通过文本检索检查有无违规话术、敏感词等信息。

（2）庭审数据库录入：对庭审记录的语音进行识别后，将识别文本录入数据库。

（3）会议记录总结：对会议语音进行识别，通过人工或者自动方法对会议记录做出总结。

（4）医院病历录入：手术时通过音频记录医生的操作，通过录音文件识别得到文本，提高病历录入效率。

语音识别技术的应用限制包括环境影响（噪声、信道、场地、扬声器）、说话人影响（口音、方言、音量）、说话内容影响（中英混杂、专业术语）等，这些影响因素会使语音识别无法达到一般场景 100% 的准确率。可以通过扬声器来录取不同的语音数据组成数据集，再进行预处理，以获得更好的数据质量。语音数据的预处理方法如下。

（1）端点检测：找到语音信号的起始点与结束点，使有效信号和无用信号进行分离。常用的方法是双门眼检测法。

（2）预加重与去加重：由于通过频率转换之后的语音信号集中在低频带，所以需要通过预先添加原始语音的高频信号，使信号的频谱变得平坦，来提高识别效率。在输出端做去加重。

（3）分帧与加窗：对整段语音信号进行分帧，利用带通滤波器进行过滤。

（4）重采样：根据奈奎斯特采样定理进行重采样，以保证语音中的所有信息发送到特征识别环节。

语音识别的一般性技术路线有面向一般场景的语音识别服务（针对常见环境因素、说话人因素以及常见说话内容）和针对特定场景、产品的优化（针对特定环境，如手机、音箱、演讲场馆等；针对特定说话人因素，如带口音的普通话、地方方言等）。

语音识别的常用声学模型主要包括以下五种。

（1）HMM-DNN 声学模型：算法具有长短时记忆能力，更加契合时序建模问题，在一定程度上缓解 RNN（recurrent neural network，循环神经网络）的梯度消散和梯度爆炸问题。其缺点是计算复杂度相比 DNN（deep neural network，深度神经网络）大幅增加，由于递归连接的存在，因此难以很好地并行运行。

（2）HMM-LSTM 声学模型：算法优势及缺点与 HMM-DNN 声学模型相同。

（3）HMM-BLSTM 声学模型：算法上相比 LSTM（long short-term network，长短期记忆网络）还考虑了反向时序信息影响，模型有更好的建模能力。其缺点是计算复杂度进一步加大，需要整句进行训练，因为 GPU（graphics processing unit，图形处理器）显存消耗大，并行度降低，模型训练更慢，导致实际应用中的实时性差。

（4）CTC（connectionist temporal classification，连接式时序分类）声学模型：

算法上可以实现序列级目标函数。其缺点是训练数据要求多且训练需要很多技巧。

（5）HMM-CNN（convolutional neural networks，卷积神经网络）声学模型：利用平移不变性克服了语音信号本身的多样性，但解码时计算要求高。

2）语音合成

语音合成通过先进的深度学习技术，将文本转换成自然流畅的语音。语音合成由最开始的基于机械装置的语音合成，逐渐演化成基于电子元器件的语音合成、基于波形拼接的语音合成、基于 HMM（hidden markov model，隐马尔科夫模型）的参数语音合成、基于波形拼接的大语料库语音合成。目前，语音合成有多种音色可供选择，并提供调节语速、语调、音量等功能。语音合成适用于智能客服、智能设备、文学有声阅读和无障碍播报等场景。

（1）智能客服：提供多行业多场景的智能客服语音合成能力，提高解答效率，提升客户满意度，降低呼叫中心人工成本。

（2）智能设备：为智能家居、音箱、车载和可穿戴设备等赋予一个最有"温度"的声音。

（3）文学有声阅读：让富有感染力的声音讲故事、读小说、播新闻，满足"懒人"的阅读需求。

（4）无障碍播报：将文字转成流畅动听的自然语言声音，实现面向各类人群的无障碍播报。

语音合成常见的合成方法主要有以下两种。

（1）基于 HMM 的语音合成：其优点是平滑、稳定、数据量需求少、音质可扩展、快速自动；缺点是音质不高、韵律平淡。

（2）基于 HMM 的波形拼接的语音合成：其优点是流畅自然、音质高；缺点是计算量巨大，难以满足实时性需求。

2. 语音识别API参数介绍

本任务主要通过阿里云智能语音交互平台中的语音识别 API 实现大巴车调度模型，下面介绍与本任务相关的 API 参数。

（1）请求的重要参数：表示使用该 API 时需要的参数，如图 1-1 所示。

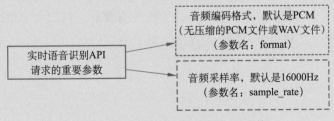

图 1-1　实时语音识别 API 请求的重要参数

（2）返回的重要参数：表示使用该 API 后获得的返回数据，如图 1-2 所示。

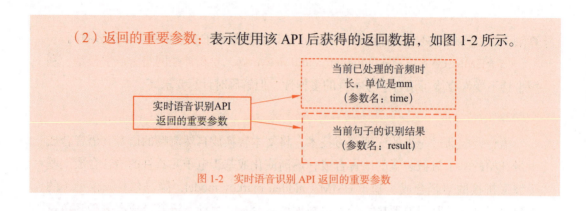

图 1-2 实时语音识别 API 返回的重要参数

任务 1-1-1 大巴车调度项目数据准备

在本项目中，大巴车在调度时需要调度员提前准备调度信息，在相应的时间点向所有需要调度的车辆广播调度信息。

本任务以阿里云智能语音交互平台为基础，可视化调用实时语音识别平台，通过扬声器录入调度信息，在屏幕的右侧文本框中实时显示识别结果。实验准备如表 1-1 大巴车调度表所示。

表 1-1 大巴车调度表

大巴车	A 车	D 车	E 车	B 车	F 车	C 车
出发时间	8 点 30 分	8 点 40 分	8 点 50 分	9 点	9 点 10 分	9 点 20 分

任务 1-1-2 进入阿里云智能语音交互平台

本任务需要在阿里云智能语音交互平台上完成。因此，读者需要登陆进入阿里云智能语音交互平台。下面将分步骤介绍如何进入阿里云智能语音交互平台。

（1）按照附录 1 中的步骤进入阿里云平台官网，单击【登录】按钮，跳转到阿里云登录页面。

（2）通过支付宝扫码、短信验证授权登录阿里云平台。

（3）登录成功后进入阿里云平台官网，选择【产品】→【人工智能】→【实时语音识别】选项，如图 1-3 所示（注：官网产品页面如有变化，请以文字描述为准）。

（4）进入阿里云实时语音识别平台界面，如图 1-4 所示。

图 1-3　实时语音识别产品

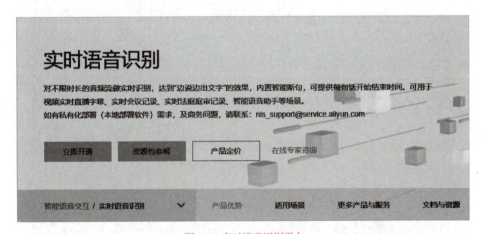

图 1-4　实时语音识别平台

任务 1-1-3　调用实时语音识别 API 并记录结果

　　进入阿里云智能语音交互平台之后，调用实时语音识别 API 完成实验。在调用实时语音识别 API 之前，需要先开通实时语音识别 API 服务。开通实时语音识别 API 服务后，需要自行提供扬声器，通过扬声器广播调度信息，可视化调用实时语音识别平台，在屏幕的右侧文本框中实时显示识别结果。下面将分步骤展示如何可视化调用实时语音识别API，并得出识别结果。

（1）进入阿里云实时语音识别平台后，单击【立即开通】按钮。

（2）进入立即开通页面，勾选如图 1-5 所示的服务协议，单击立即开通，完成对实时语音识别 API 服务的开通。

图 1-5　开通实时语音识别 API 服务

语音识别实验

（3）完成实时语音识别 API 服务的开通后，返回功能体验页面，在终端插上耳机或者扬声器，单击下方的扬声器按钮，开始说话。语音时长支持 1 分钟，在说话的同时，右侧文本框中会显示说话的内容，如图 1-6 和图 1-7 所示。每次语句停顿后，阿里云实时语音识别平台都会刷新语句。

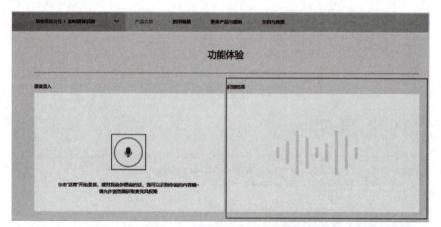

图 1-6　实时语音识别平台的使用

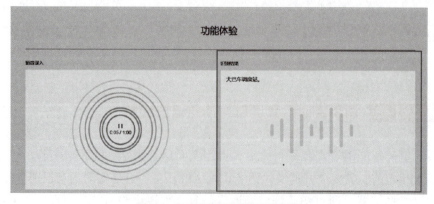

图 1-7　实时语音识别平台识别结果

以上任务的详细操作步骤见电子实验手册（高级）"实验1　调用语音识别API实现大巴车调度"中步骤2（语音识别API调用步骤）。

任务1-2　利用阿里云 PAI-DSW 建模平台构建道路状况反馈评价系统

■ 任务目标

- 了解自然语言处理系统的特点及自然语言处理常用算法。
- 了解语义情感分析API中的相关参数。
- 掌握道路状况反馈评价系统项目中阿里云PAI-DSW实例创建、启动、停止、删除的过程。
- 掌握道路状况反馈评价系统中阿里云PAI-DSW数据上传步骤。
- 掌握道路状况反馈评价系统中阿里云PAI-DSW代码环境配置过程。
- 掌握阿里云PAI-DSW中编写Python调用语义情感分析API的过程。

■ 任务描述

本任务主要讲解了人工智能中自然语言处理技术的特点及应用，通过完成道路状况反馈评价系统中阿里云PAI-DSW平台环境的创建，导入自然语言处理功能代码使用包并上传数据，实现在阿里云PAI-DSW中编写Python代码调用语义情感分析API，完成道路状况反馈评价系统的搭建。

■ 任务分析

本任务通过在PAI-DSW平台中编写Python代码调用阿里云自然语言处理平台中的语义情感分析API，对一段时间内道路中的反馈信息进行识别、统计、可视化，最后分析识别结果，得出该道路的舆情信息。

在完成本任务之前需要先进行实验环境准备，包括获取并建立道路信息反馈数据，开通语义情感分析API，完成PAI-DSW实例的创建、启动、上传实验数据及配置实验代码环境这四个步骤。完成实验环境准备后，编写Python代码，调用阿里云自然语言处理平台中的语义情感分析API，对上传的数据集进行识别、统计、可视化和结果分析。

知识准备

1. 自然语言处理技术概述

自然语言处理（natural language processing，NLP）是一门融合了语言学、计算机科学、数学于一体的科学，是计算机科学领域与人工智能领域中的一个重要方向。其研究包括人与计算机之间用语言进行有效通信的各种理论和方法，涉及自然语言和形式化语言的分析、抽取、理解、转换和产生等多个课题。阿里云的自然语言处理平台可以用于文本分析及挖掘，已经广泛应用在电商、文娱、司法、公安、金融、医疗、电力等行业客户的多项业务中，取得了良好的效果。

自然语言处理平台基础服务可以进行多语言分词、词性标注、命名实体、情感分析、中心词提取等操作，可用于智能问答、对话机器人、舆情分析、内容推荐、电商评价分析等场景中。

（1）多语言分词：提供智能分词，只需简单地调用相关 API 接口即可获取到所需分词结果。

（2）词性标注：通过词性标注，可以快速地为每一个词附上对应的词性，结合分词服务，可以快速进行更深层次的文本挖掘处理，无须担心新词发现、歧义消除等问题。

（3）命名实体：可以快速识别文本中的实体，进而挖掘各实体间的关系，是进行深度文本挖掘、知识库构建等常用自然语言处理领域里的必备工具。

（4）情感分析：对短文本进行情感的正负向及中性分析，并给出结果。情感分析在舆情监控、话题审核、口碑分析聚类等领域有广泛的应用。

（5）中心词提取：基于海量数据，使用电商标题中心词以及类目进行训练，通过给每个词计算一个相关性分数来衡量每个词与句子的相关性程度，进而识别并提取出句子的中心词。中心词提取适用于提取电商搜索 query、标题及其他类似短文本（一般小于 25 个词）的中心词。

（6）智能文本分类：将输入的一段文本自动映射到具体的类目上，以快速完成文本的分类，并针对文本中的关键标签进行识别和提取。

（7）文本信息抽取：主要面向合同抽取领域，结合 AI（artificial intelligence，人工智能）技术，通过自动阅读文档内容，将关键核心信息进行提取，简化机械性和重复性的工作，协助企业完成文档审阅及录入工作。

（8）商品评价解析：主要用于分析消费者反馈的评价、点评内容，同时也可以对类似微博的口语化、短文本进行分析。其不适用于长篇幅的新闻篇章解析。

自然语言处理常用算法如下。

（1）BP（back propagation，逆向传播）神经网络。

（2）CNN（convolutional neural network，卷积神经网络）。

（3）DNN。

（4）RNN。

（5）LSTM。

2. 语义情感分析API参数介绍

本任务主要通过在 PAI-DSW 平台中编写 Python 代码，调用阿里云语义情感分析 API，实现一段时间内道路反馈信息的识别、统计、可视化和结果分析。下面介绍与本任务相关的 API 的参数。

（1）请求的重要参数：表示使用该 API 时需要的参数，如图 1-8 所示。

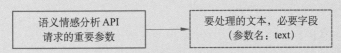

图 1-8　语义情感分析 API 请求的重要参数

（2）返回的重要参数：表示使用该 API 后获得的返回数据，如图 1-9 所示。

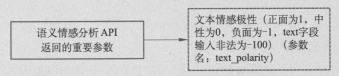

图 1-9　语义情感分析 API 返回的重要参数

3. PAI-DSW基础知识

阿里云 PAI-DSW 是阿里云 PAI（platform of artificial intelligence，人工智能平台，以下统称 PAI 平台）上的交互式云端机器学习开发环境，可以提供交互式编程环境，适用于不同水平的开发者。在 PAI-DSW 的云端开发环境中，无须任何配置即可进入 Notebook 编写、调试及运行 Python 代码。基于 PAI-DSW 可以跳过复杂的 Python 配置，直接编写 Python 代码（注：本书的非本地项目均使用 PAI-DSW 在云上进行编写和实现）。

PAI-DSW 功能特性如下。

（1）支持资源实时监控：算法开发时，可以显示 CPU（central processing unit，中央处理器）或 GPU 的使用情况。

（2）支持多源数据接入，包括 MaxCompute、OSS 及 NAS。

（3）支持编写和运行 SQL（structured query language，结构查询语言）语句。

（4）支持多种资源型号，包括纯 CPU 及多种 GPU 算力。

（5）支持灵活切换各类资源，有效降低使用成本。

（6）预置常用大数据开发包和算法库，且支持自定义安装第三方库。

本任务涉及阿里云 PAI-DSW 对实例管理的四个方面，分别是创建实例、启动实例、停止实例和删除实例。创建实例会在任务 1-2-2 中进行介绍，下面只介绍在实验过程中停止实例、启动实例和删除实例的注意事项。

（1）停止实例：实例停止后，其状态变为停止，此时对于后付费实例，系统停止计费。退出 PAI-DSW 时，必须确保实例处于停止状态，否则可能产生不必要的费用。

（2）启动实例：实例启动后，其状态变为运行中，此时对于后付费实例，系统开始计费。完成训练后，建议及时停止实例，以免产生不必要的费用。

（3）删除实例：如果不再进行训练，则可以删除实例。实例删除后，其数据无法恢复。

下面是在 PAI-DSW 中对第三方库操作的基本命令。

（1）安装 pip install--user <yourLibraryName>：需要将 <yourLibraryName> 替换为待安装的第三方库名称。例如，使用 pip install --user sklearn 命令安装 sklearn 库。

（2）查看 pip list：查看所有已安装的第三方库。

（3）卸载 pip uninstall <yourLibraryName>：需要将 <yourLibraryName> 替换为已安装的第三方库名称。

PAI-DSW 提供的开发环境包括 Python 2、Python 3、PyTorch 及 TensorFlow 2.0。安装第三方库时，默认安装至 Python 3，如果需要安装至其他环境，则必须手动切换环境后再进行安装。

```
# 安装至 Python 2 环境
source activate python 2
pip install--user <yourLibraryName>
# 安装至 TensorFlow 2.0 环境
source activate tf2
pip install--user <yourLibraryName>
```

任务 1-2-1　道路状况反馈评价系统数据准备

要实现道路状况反馈评价系统，需要一段时间内道路情况的反馈信息。本任务以阿里云 PAI-DSW 平台为基础，编写 Python 代码调用语义情感分析 API，识别一段时间内道路情况反馈信息的数据，并对该道路的拥堵情况做出判断。道路状况反馈评价系统数据如图 1-10 所示。

今天堵车
路上真舒畅
前面道路路况很稳定
还行吧，今天车不太多
下雨了
道路尽头堵车
后面畅通
通畅
太好了，不堵车了
本路段堵车比较严重
道路平坦舒适
路上追尾了
路上车不多，很通畅
一般吧，车和以前差不多
今天天气很适合出行
今天天气不适合出行
今天路上车比较少
路况不错
车辆数量合理
今天所有车辆都行驶得很规范
每个人的交通安全意识都很强
大家都非常认真地遵守交通规则

图 1-10　道路状况反馈评价系统数据

任务 1-2-2　为道路状况反馈评价系统准备 PAI-DSW 平台环境

根据任务分析，在开始实验之前需要为实验创建环境。下面将从开通语义情感分析 API，完成 PAI-DSW 实例的创建、启动、上传实验数据及配置实验代码环境这三个方面进行实验环境准备。

1. 开通语义情感分析API

（1）在开通语义情感分析 API 之前，需要先登录阿里云平台。登录成功后，在产品页面选择【产品】→【人工智能】→【NLP 基础服务】选项，进入自然语言处理界面。

（2）如图 1-11 所示，单击【免费使用】按钮，开通语义情感分析 API 服务。

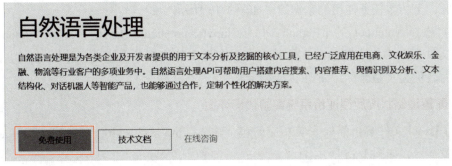

图 1-11　自然语言处理开通界面

2. 开通并创建相应的DSW实例

（1）按照附录3的步骤进入 DSW 环境，选择【交互式建模（DSW）】→【创建实例】选项，如图 1-12 所示，创建当前项目的 DSW 实例。

图 1-12　创建 DSW 实例

（2）在弹出的表单中填写相应的实例名称和服务地区，选择第一个镜像即可，单击【提交订单】按钮，完成实例创建。

（3）在创建的实例右侧单击【打开】按钮，进入阿里云 PAI-DSW 主界面，单击【上传】按钮，上传本任务使用的数据源，如图 1-13 所示。

（4）选择 Notebook 的【Python 3】，在 jupyter-notebook 中创建一个新 Python 文件，在左侧文件目录中找到新建的文件并右击，在弹出的快捷菜单中选择【Rename】命令更改文件的名称为实验名称，如图 1-14 所示。

3. 配置道路状况反馈评价系统实验代码环境

（1）Excel 文件解析需要安装相应的包，输入 "pip install xlrd==1.2.0"，其中 1.2.0 表示包的版本号，如图 1-15 所示。

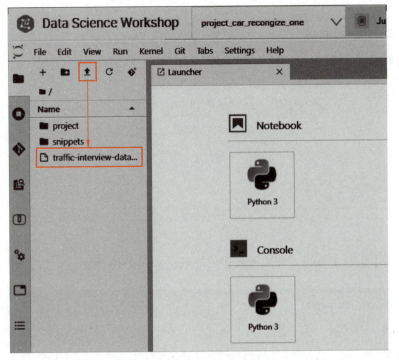

图 1-13　上传数据源

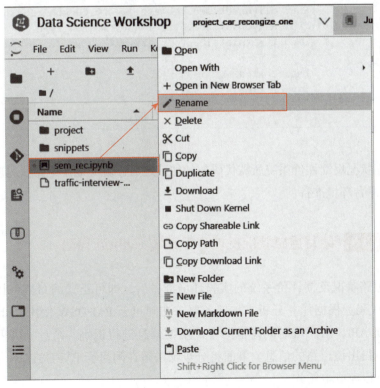

图 1-14　代码文件的重命名

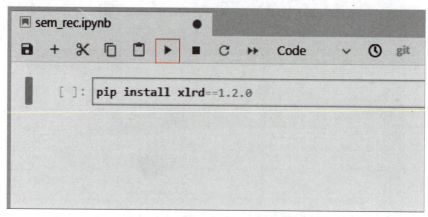

图 1-15　安装文件解析包

（2）单击【运行】按钮，完成所需包的加载，如图 1-16 所示。

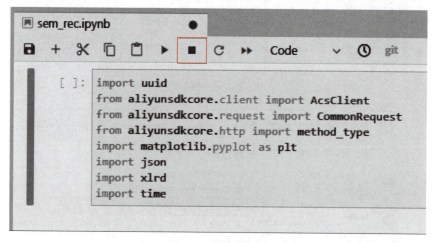

图 1-16　加载环境包

完成道路状况反馈评价系统所需代码包的加载之后，就完成了道路状况反馈评价系统的 PAI-DSW 平台环境准备。

任务 1-2-3 编写道路状况反馈评价系统 Python 代码

完成了道路状况反馈评价系统的实验环境准备后，即可正式编写道路状况反馈评价系统 Python 代码。根据任务分析，本任务要求在阿里云 PAI-DSW 使用 Python 代码调用语义情感分析 API，对一段时间内道路中的反馈信息进行识别、统计、可视化，最后分析识别结果，得出该道路的信息。下面将分步骤讲解在阿里云 PAI-DSW 平台中如何编写 Python 代码，以完成本任务。

（1）输入本项目所需导入包的代码，如下。

```
import uuid
from aliyunsdkcore.client import AcsClient
from aliyunsdkcore.request import CommonRequest
from aliyunsdkcore.http import method_type
import matplotlib
matplotlib.use('Agg')
import matplotlib.pyplot as plt
import json
import xlrd
import time
```

第 1 句导入通用唯一标识符（universally unique identifier，UUID），UUID 可以保证在空间和时间上的唯一性；第 2 句导入阿里云核心包服务器的客户端；第 3 句导入阿里云核心包服务器请求库；第 4 句导入阿里云核心包中的 http 库；第 5~7 句导入 matplotlib 画图工具包，使用非交互式后端，避免创建窗口；第 8 句是 json 包解析 API 返回数据；第 9 句导入 xlrd 包，实现对表格数据的处理；第 10 句导入 time 包，实现延迟操作。将上述代码输入打开的【sem-rec】文件中，完成代码包导入。

（2）完成上述代码包导入后，需要定义项目中的变量。输入如下代码，这些代码表示本项目所需配置的变量。

```
access_key_id = 'LTAI4GEAFghc2o6p2452MBua'
access_key_secret = 'E3hW4PRW9sZJ3SNh7k6cY1WrMggFdZ'
request_path = "./nlp/api/sentiment/ecommerce"
data_path = './traffic-interview-database.xlsx'
result_all_recongize= []
positive = 0
neutral = 0
negative = 0
```

第 1 句创建 access_key_id 变量，access_key_id 是阿里云鉴权、登录 ID；第 2 句创建 access_key_secret 变量，access_key_secret 是阿里云鉴权、登录 secret；第 3 句创建 request_path 变量，request_path 是请求路径；第 4 句创建 data_path 变量，data_path 是道路反馈数据存放地址；第 5 句创建 result_all_recongize 变量，建立列表，存储识别结果；第 6~8 句统计各种评论的个数。

（3）在完成项目变量的定义后，需要通过循环调用语义情感分析对 50 条道路反馈进行分析。

```
all_data = read_xlrd(data_path)
content_all_texts_json = Input_text(all_data)
for content_texts_json in content_all_texts_json:
    result_json = Use_NLP(access_key_id, access_key_secret, request_
    path,content_texts_json)
    result_recongize = decode_json(result_json)
```

```
result_all_recongize.append(result_recongize)
if (result_recongize == -1):
    negative += 1
elif (result_recongize == 1):
    positive += 1
else:
    neutral += 1
time.sleep(0.5)
```

第 1 句自定义 Excel 文件读取函数，读出识别的数据；第 2 句将所有数据转换成 json 形式并存入列表；第 3~7 句循环调用语义情感分析 API 识别道路反馈数据，并将识别结果添加至 result_all_recongize 列表中；第 8~13 句统计该道路不同评价的数量；第 14 句延时 0.5 秒后，开始再次调用语义情感分析 API，降低服务器压力。

（4）下面详细介绍调用语义情感分析 API 的函数代码。

```
def Use_NLP(access_key_id, access_key_secret, request_path, content_texts_
json):
    client = AcsClient(access_key_id, access_key_secret, 'cn-shanghai')
    request = CommonRequest()
    request.set_domain("nlp.cn-shanghai.aliyuncs.com")
    request.set_uri_pattern(request_path)
    request.set_method(method_type.POST)
    request.add_header("x-acs-signature-method","HMAC-SHA1")
    request.add_header("x-acs-signature-nonce", uuid.uuid4().hex)
    request.add_header("x-acs-signature-version", "1.0")
    content = content_texts_json
    request.set_content_type("application/json;chrset=utf-8")
    request.set_accept_format("application/json;chrset=utf-8")
    request.set_content(bytearray(content.encode('utf-8')))
    request.set_version('2018-04-08')
    response = client.do_action_with_exception(request)
    return response
```

第 1 句创建 AcsClient 实例；第 2 句申请授权 API 调用；第 3 句表示发起请求函数；第 4 句定义运行节点；第 5 句设置所要请求的 API 路径；第 6 句设置请求方式；第 7 句设置签名方法；第 8 句设置请求唯一码，防止网络开放攻击，每个请求必须不同；第 9 句设置签名版本；第 10 句将传递给函数的参数赋值给 content；第 11 句设置请求类型；第 12 句设置响应格式；第 13 句设置请求内容；第 14 句设置版本；第 15 句执行请求；第 16 句返回请求结果。

（5）在识别完成之后，需要统计道路的反馈情况，并可视化出相应的结果。

```
draw_photo(range(len(content_all_texts_json)), result_all_recongize,
'Result-Recongize', 'ALL-Result-Recongize-Polyline', 'Num',
'Result(1:positive; 0:neutral; -1:negative)')
```

```
draw_photo_Bar('ALL-Result-Recongize-Bar', '50num-Different-Comment',
'Num', positive, neutral, negative)
print('\n')
if (positive / len(content_all_texts_json) >= 0.5):
    print("该道路路况良好！！！\n")
elif (neutral / len(content_all_texts_json) >= 0.5):
    print("该道路路况一般！！！\n")
elif (negative / len(content_all_texts_json) >= 0.5):
    print("该道路路况较差！！！\n")
else:
    print("该道路路况不稳定！！\n")
plt.show()
```

第 1 句绘制 50 条道路反馈结果的折线图；第 2 句绘制 50 条道路反馈结果统计的柱形图；第 3 句换行输出；第 4~11 句对 50 条道路数据反馈结果进行统计，并对当前时段道路情况做出判断；第 12 句画图。

任务 1-2-4 运行实验代码及记录结果

（1）代码编写完成后，单击运行按钮，如图 1-17 所示。

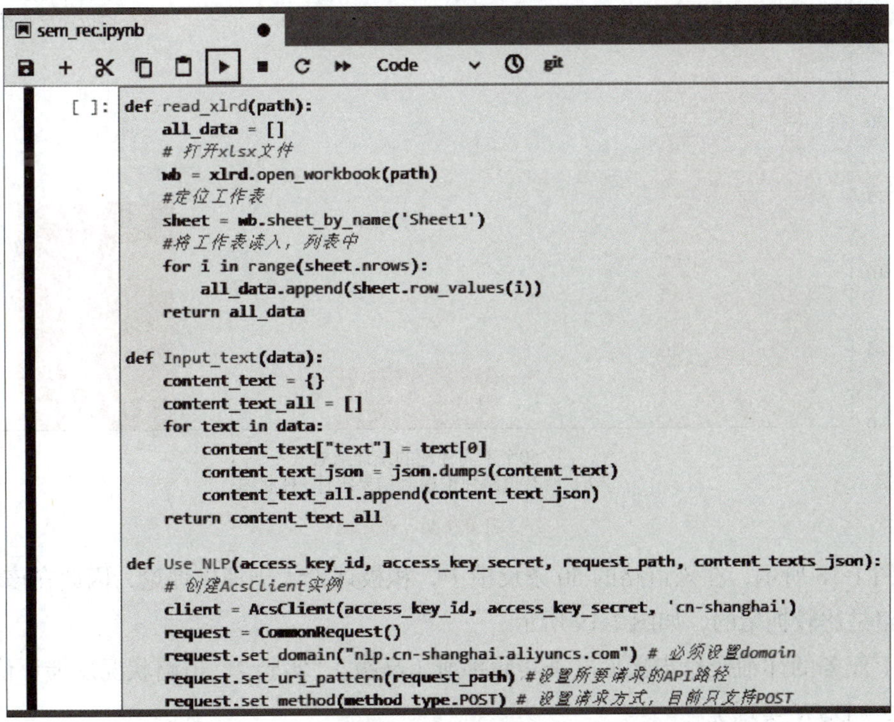

```
def read_xlrd(path):
    all_data = []
    # 打开xlsx文件
    wb = xlrd.open_workbook(path)
    #定位工作表
    sheet = wb.sheet_by_name('Sheet1')
    #将工作表读入，列表中
    for i in range(sheet.nrows):
        all_data.append(sheet.row_values(i))
    return all_data

def Input_text(data):
    content_text = {}
    content_text_all = []
    for text in data:
        content_text["text"] = text[0]
        content_text_json = json.dumps(content_text)
        content_text_all.append(content_text_json)
    return content_text_all

def Use_NLP(access_key_id, access_key_secret, request_path, content_texts_json):
    # 创建AcsClient实例
    client = AcsClient(access_key_id, access_key_secret, 'cn-shanghai')
    request = CommonRequest()
    request.set_domain("nlp.cn-shanghai.aliyuncs.com") # 必须设置domain
    request.set_uri_pattern(request_path) #设置所要请求的API路径
    request.set_method(method_type.POST) # 设置请求方式，目前只支持POST
```

图 1-17　运行代码

（2）代码运行完成后，显示运行结果以及相应的可视化图形，根据正面词语和负面词语统计数据显示该道路路况。道路路况可视化结果如图 1-18 所示。

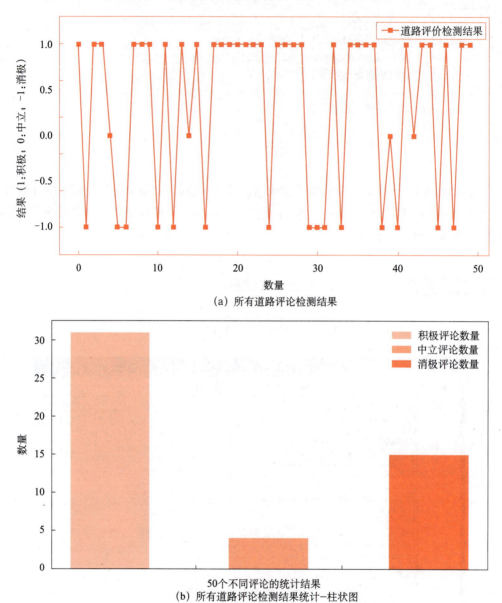

（a）所有道路评论检测结果

50个不同评论的统计结果
（b）所有道路评论检测结果统计−柱状图

图 1-18 道路路况可视化结果

如图 1-18 所示，在该道路的 50 条反馈中，积极评论大于消极评论，因此在该时段内这条道路是比较拥堵的，如图 1-19 所示。

以上任务的详细操作步骤见电子实验手册（高级）"实验 2 道路状况反馈评价系统"中步骤 2（DSW 实现）。

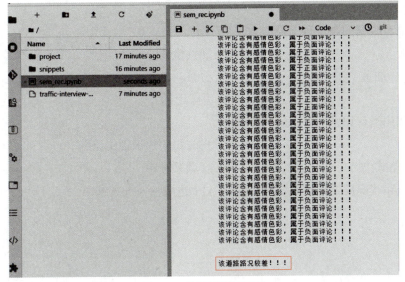

图 1-19　道路路况结果显示

道路状况反馈
评价系统

◆　**项目总结**　◆

本项目讲述了两个不同的实验场景，并以不同的实验方式，通过语音识别 API、语义识别 API 完成了大巴车调度和道路状况反馈评价系统的设计。项目搭建的过程中，讲述了阿里云智能语音交互平台中实时语音识别的使用以及阿里云 PAI-DSW 实例的创建、启动、停止、上传数据、编写 Python 代码和执行文件等操作，最后在两个不同的平台上分别实现了设计的实验。

大巴车调度实验按照模拟的调度场景，以无代码可视化的方式模拟了调度过程。道路状况反馈评价系统按照导航 APP 后台分析过程，将整个实验的 Python 代码分解成若干重要小段，讲解了如何编写 Python 代码调取语义情感分析 API，并最终可视化实验结果。本项目难度一般，从可视化操作到代码编写、从语音识别到语义识别，覆盖了人工智能应用的"听""说"方面，既使读者熟悉了阿里云智能语音交互平台的使用，也锻炼了 PAI-DSW 中 Python 代码对 API 调用的基本编写能力，为后续开发复杂项目做铺垫。

◆　**练习题**　◆

1.（单选题）UUID 的中文全称是（　　）。

　　A. 通用唯一标识符　　　　　　　　B. 自定义标识符

　　C. 统一关键标识符　　　　　　　　D. 全球统一标识符

2.（单选题）xlrd 库的作用是（　　）。

　　A. 读取 Excel 文件　　　　　　　　B. json 包解析

C. 画图工具   D. 列表读取

3.（多选题）语音数据的预处理方法包含（   ）。

A. 镜头分割   B. 端点检测

C. 预加重与去加重   D. 分帧与加窗

E. 重采样   F. 去停用词

4.（多选题）调用语音识别 API，返回参数有（   ）。

A. 音频时长   B. 当前句子的识别结果

C. 音频编码格式   D. 音频采样率

5.（判断题）道路状况反馈评价系统中调用的 API 是情感分析 API。（   ）

项目2

智能视觉应用的开发
——以高速路绿色通道卡口场景为例

 项目概述

1. 项目背景

"绿色通道"是鲜活农产品公路运输绿色通道,是国家的一项惠民措施,符合条件的鲜活农产品运输车辆可以减免高速通行费,并且优先通行。随着人工智能和物联网技术的发展,道路卡口已逐步采用智能设备取代人工服务,提高效率的同时可以大幅减少操作失误。例如,ETC(electronic toll collection,电子不停车收费系统)目前已经广泛应用于道路卡口。高速路绿色通道卡口模型场景中的"卡口"特指在城市交通环境中一些采集数据的出入口,通常是一个集成了很多硬件采集设备的综合采集系统。

在本项目模拟的高速路绿色通道卡口模型中,如何判断哪些车可以通过"绿色通道"呢?首先人工查验四证(驾驶证、行驶证、道路运输证、道路运输从业人员从业资格证)是否合格;然后工作人员对车厢箱体以及车厢内货物进行现场拍照取证,判断是否可以通过"绿色通道"。本项目将参考这一查验流程,设计使用一些人工智能方法来取代人工查验。

2. 项目架构

本项目以阿里云 PAI-DSW 为实验平台,编写代码调用阿里云视觉智能开放平台中的相关 API,从车型、车牌、驾驶证识别三个功能出发,模拟"绿色通道"的卡口模型,为卡口增加人工智能能力:自动识别车辆车牌、车型信息以及驾驶人驾驶证信息。本项目利用 Python 代码将待识别车辆、车牌、驾驶证图片上传至阿里云 OSS 存储中,通过在阿里云 PAI-DSW 编写 Python 代码，调取阿里云 OSS 存储中的图片进行使用。

3. 项目知识

本项目以 PAI-DSW 作为实验平台，以阿里云视觉智能开放平台中的 API 作为实现基础来完成，除了车型识别、车牌识别、驾驶证识别 API 的关键参数介绍之外，涉及的理论知识还包括任务 2-1 中的阿里云视觉智能开放平台介绍，以及任务 2-2 中的卡口数据特征及 OSS 对象存储的基本知识。

 ## 学习目标

1. 知识目标

- 了解阿里云视觉智能开放平台的能力。
- 了解卡口项目数据的要求。
- 了解卡口车辆识别相关的车型、车牌、驾驶证识别 API 的功能。
- 了解车型、车牌、驾驶证识别 API 的原理及相关参数。
- 了解 Python 代码基础知识。

2. 技能目标

- 能够在阿里云平台上开通并创建相应的 OSS 云存储实例。
- 能够创建 DSW 实例，并在 DSW 实例中完成图片文件的上传。
- 能够配置项目运行所需的代码环境，并用 Python 语言编写项目代码。
- 能够运行编写的代码，得出实验结果。

 ## 项目导图

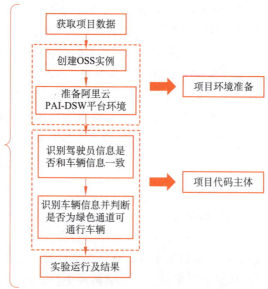

任务 2-1 了解阿里云视觉智能开放平台

■ 任务目标
- 了解阿里云视觉智能开放平台的主要应用场景。
- 了解阿里云视觉智能开放平台的主要能力。

■ 任务描述
本书后续项目会调用阿里云视觉智能开放平台中的API，本任务是从技术层面了解阿里云视觉智能开放平台中的典型能力，包括人脸、人体识别能力，文字识别能力，目标检测能力以及图像识别能力。

■ 任务分析
本书后续项目使用的部分API来自阿里云视觉智能开放平台的支撑，本任务主要学习阿里云视觉智能开放平台中的典型技术能力，以及这些技术的基本原理。

📚 知识准备

阿里云城市大脑平台以城市视觉智能引擎为核心，包含多个协同运行的智能系统，如视觉计算平台车流人流预测系统、渐进式视频搜索引擎、城市建设与精细化管理系统等。城市大脑平台中的城市视觉智能引擎依托于阿里云分布式计算和存储平台，利用先进的视频图像、图形学处理技术和深度学习算法，建立城市级人工智能模型，通过对相应场景的分析、索引和挖掘，赋能交通、市政综合治理、商业、园区、电力能源、医疗、教育等各个行业场景。城市视觉智能引擎可以打通并连接散落在城市各个单元的视觉资源，让图像、视频帮助城市来做思考、决策和运营，从而整体提升城市运行效率。

城市视觉智能引擎的部分应用场景如下。

1. 智慧交通应用场景

面向智慧交通提供的交通工程服务能力如图 2-1 所示。

城市视觉智能引擎可为城市交通管理提供如下服务。

（1）感知异常交通事件：自动发现交通拥堵并计算时长，检测主干道违法停车事件、快速路闯禁事件，检测和分析车辆聚集情况，判断车辆在错峰时间段内的闯禁信息。

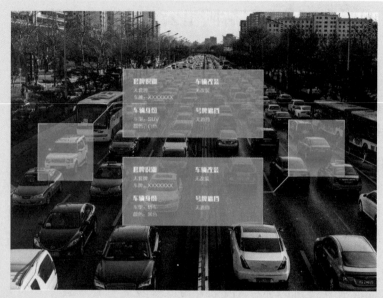

图 2-1　识别道路车辆信息

（2）提供交通工程服务：对套牌、假牌、非法改装、遮挡车牌、污损车牌等行为进行检测，实现异常车牌身份推荐、车辆轨迹还原等。

（3）预测车流人流：预测 1 小时后的车流量、人流量，并辅助提前制定疏导、管控和预警方案，规避拥堵和踩踏等安全风险。

2. 智慧应急应用场景

应急监督管理的工作涉及安全生产多个环节，包括危险作业、明火火星识别、生产车间人数超限、车辆核入和人证核入等多种业务场景。由于安全生产种类多、业务量大，很多违规生产操作监管难，加重了生产非合规问题，由此可能带来巨大的损失。城市视觉智能引擎可为应急监督管理提供如下服务。

（1）识别动火器材：对特定区域中的人和乙炔瓶器材进行检测、识别、跟踪，结合行人和乙炔瓶的时间和空间关系，判断动火作业，实时上报，达到监管的目的。

（2）识别人员超限：对重大安全风险区域中的行人进行检测、跟踪，之后对人数进行统计，一旦人数存在变化，将实时上报。

（3）对园区人车进行核入：对厂区或区域出入口的车辆进行检测、跟踪，并在车牌满足识别条件时进行识别；与此同时，对车辆驾驶员进行判断，实时上报相关结果。

（4）识别违规火星作业：对车间可视区域进行全天候不间断巡视，检测和定位特定生产车间内发生明火火星的区域，如图 2-2 所示。

图 2-2　识别违规火星作业

3. 城市管理应用场景

城市管理工作涉及路面违停、游商、占道经营、渣土车未苫盖、人员聚集等多种业务场景，且违规事件的偶发性极强，急需借助城市视觉智能引擎的力量来解放人力，提升效能。城市视觉智能引擎可为城市管理提供如下服务。

（1）识别违章停车：识别出指定区域内违章停车的车辆，并在合适的条件下识别出车牌结果，如图 2-3 所示。

图 2-3　识别违章停车

（2）识别非法游商：对指定区域进行车辆检测及滞留分析，判断该区域是否出现疑似游商车辆。

（3）识别出店经营：基于深度学习的语义分割算法，对指定区域判断分析是否存在出店经营。

（4）识别渣土车属性：对指定区域进行车辆跟踪，判断该区域是否存在未苫盖的渣土车目标；同时，对违规车辆车牌进行检测，识别出有效的车牌。

4. 智慧建设应用场景

对于住建管理部门和施工单位而言，建筑和基础设施的施工安全监管是其重要职责。建筑施工现场是高危作业场景，为了保障人员的安全，需要实时监控现场的动态行为，及时发现和上报安全隐患。对于环保部门，施工单位在施工过程中，抓好扬尘控制方案、裸露区域覆盖的监管是控制污染的关键。城市视觉智能引擎可为建设场景提供如下服务。

（1）识别未佩戴安全帽：对住建区域包括施工、入口等的工人进行安全帽检测，对未佩戴安全帽的工人进行报警，如图 2-4 所示是已佩戴安全帽场景下输出安全提示。

图 2-4　识别有无佩戴安全帽

（2）识别违禁闯入：对划定的危险敏感区域进行实时监控，当指定区域有人员出现时，进行报警。

（3）检测人员脱岗：对室内在岗人员人数进行统计，当室内持续无人超过阈值时间，即进行报警。

（4）检测裸土未苫盖：对施工工地中的视频点位进行实时监控，检测未苫盖的裸土，当裸土面积超过阈值时则输出报警。

了解阿里云视觉智能开放平台的能力

城市大脑的典型应用场景中，如城市交通和城市管理，都会涉及对"人"和"物"的识别和分析，这就需要平台有较强的特征识别能力。为了方便开发者和应用者更便捷地使用城市视觉智能引擎的强大功能，阿里云为用户提供了视觉智能开放平台来调用这些能力。本项目将调用阿里云视觉智能开放平台中的相关 API，如下是该平台具备的人工智能能力。

1. 人脸、人体识别能力

人脸识别技术是基于人的脸部特征来进行分析比对的，计算机首先对输入的人脸图像或视频流中是否有人脸进行判断，如果存在人脸，再分析得出不同人脸的位置、大小以及面部器官的位置分布信息。通过这些信息，计算机进一步分析提取出不同人脸中的局部特征，最后通过与已保存的人脸数据比较得出准确的身份信息。人脸识别功能一般包括人脸图像采集、人脸定位、人脸识别预处理、身份确认以及身份查找等几个关键步骤。

人体识别技术能够根据人的行为方式、体态和发型等信息进行分析比对，对监控摄像头下的人物进行进一步识别和辨认，如辨认人的服饰、体态等人体特征。人体识别技术常常与人脸识别技术结合使用，通过城市中的摄像头来对目标人物进行识别、追踪和检索。

阿里云视觉智能开放平台提供了下面几种典型的人脸、人体识别能力。

（1）人脸检测：人脸识别技术进行识别、分析和应用的基础。例如，人脸检测定位能力可以检测图片中的人脸并且给出每张人脸定位的关键点信息，输出人脸数量、人脸矩形坐标、人脸姿态、双瞳孔中心坐标、人脸置信度等信息。

（2）人脸属性：人脸属性检测能力作为人脸识别技术的更深层次功能，可以检测图片中人物的表情种类，以及人的性别、年龄、表情、眼镜、帽子和口罩等属性，尤其是口罩检测功能在疫情期间发挥了很大作用，通过人脸口罩检测可以检查和督促民众佩戴口罩，减少疫情传播。

（3）人脸编辑：人脸识别技术的进一步优化，不仅可以实现基本的人脸检测功能，还可以通过算法改变人脸的状态，包括人脸美颜、修复增强、滤镜、美妆、五官编辑等多种能力。

（4）人体识别：主要通过分析人体姿态动作获取手势信息、人体关键点信息、动作行为信息等，同时具备人体计数和人流量估算等能力。

（5）人脸比对：基于输入的两张图片，检测两张图片中的人脸，并对两张图片中较大的那张人脸进行比较，判断是否为同一人。

上述人脸、人体识别能力的应用场景有很多，如身份验证。身份验证是基于图像或视频输入进行检测的，与注册库比对，实现 1：N 的人脸注册库比对；或与证件比对，实现 1：1 的人脸证件比对。身份验证适用于人脸登录、VIP 人脸识别、人脸通关等场景。

2. 文字识别能力

文字识别能力是基于光学字符识别（optical character recognition，OCR）技术，将图片、照片上的文字内容识别出来，直接转换为可编辑文本的一种功能。例如，通用卡证识别包含身份证正反面识别、护照识别、银行卡识别、名片识别、户口页识别，还可以识别常用的文档、表单、票据，以及汉字、英文、数字、标点符号等手写体。

文字识别技术将输入的文字与已存储的文字模板进行匹配，通过判断字符的相似度来识别文字，或是利用特征提取对文字的区域结构及边缘特征进行分类和判断，从而识别不同的字符。文字识别可以将图片、照片上的文字内容识别出来，直接转换为可编辑的文本信息，方便信息存储和审核。

阿里云视觉智能开放平台提供了多种基于文字识别的应用能力，下面是其中的五种典型能力。

（1）**个人类卡证识别**：应用十分广泛，通过手机或者其他带有摄像头的设备对身份证、户口本、银行卡等拍照，并对照片进行文字识别来提取证件信息。例如，利用身份证识别能力可以识别居民身份证号、出生日期、地址信息以及身份证区域位置和人脸位置等信息，常用于实名认证、信息登记等场景。

（2）**资产类证件识别**：包括各类资产证件的识别，如营业执照识别，可结构化识别出注册号、公司名称、公司地址、法人代表、营业期限等多个字段，以方便工作人员审核录入。

（3）**通用文字类识别**：适用于各行业场景下的非结构化文字识别，可用于识别合同、文档、小说等拍照获取的信息，以及合同校对、文档检索、PDF 提取等场景。

（4）**车辆交通类识别**：可以快速识别并获取和汽车相关的各种内容，可结构化输出的信息包含驾驶证、行驶证、车牌等。

（5）**行业票证类识别**：可结构化输出各类票据关键字段内容，包含增值税发票识别、外卖单识别、火车票识别、出租车发票识别等。

上述文字识别能力的应用场景如下。

（1）**注册登记审核**：通过身份证、护照、银行卡识别等能力，在互联网金融、公共网上办事大厅等场景能够快速准确地识别录入用户身份、账户信息，准确率高达 99%，从而降低用户输入成本，提高人工审核效率，有效控制业务风险。

（2）**报销凭证录入**：应用于企业税务核算、金融保费核发及内部报销等场景，实现对各类税务发票、医疗发票、交通票据等的自动识别和快速录入，能够有效减少人力成本，实现报销的自动化。

3. 目标检测能力

目标检测技术是一种对通用或指定的目标进行检测、识别，并用矩形框工具对图像中的具体目标进行打标定位的技术。目标检测技术可以识别图像中的单一或多个目标，包括车辆检测、行人检测、物体检测及图片搜索等，同时输出对应的位置信息。阿里云视觉智能开放平台提供了下面两种典型的目标检测能力。

（1）通用检测：白底图检测用于检测图片背景是否为白底图，如电商类的一些类目的商品需要保证图片为白底图，此时可使用此能力进行检测；透明图检测用于检测图片背景是否为透明图，一般可用作对图片有特殊要求的场景；物体检测可以检测输入图像中的物体，可搭配其他功能组合使用，如可先用此能力识别图片中的家具，再用家具分割能力将对应的家具抠出。

（2）车辆检测：可以检测图像中的机动车，返回车辆的区域位置和坐标信息。

上述目标检测能力可应用在路况分析场景中，即检测图像中道路、卡口的车辆位置和数量信息，分析道路交通状况，为交通疏导提供参考信息。

4. 图像识别能力

图像识别能力可精准识别图像中的视觉内容，提高图片的处理和分析效率，包括上千种物体标签、数十种常见场景等，可以自动地快速完成图像搜索、图像识别和目标检测等任务。

阿里云视觉智能开放平台提供了以下三种典型的图像识别能力。

（1）图像打标：通过图像识别技术识别图像中的主题内容，并打上类型标签，通过支持数千个内容标签来覆盖常见物体品类。

（2）基础识别：通过图像识别技术识别图像中的颜色、元素、logo、风格等信息，也可以实现垃圾分类识别、水果检测识别、车型识别和证件照质量识别等能力。

（3）场景识别：通过图像识别技术识别图像所处的场景环境，目前支持数十种常见场景，如天空、草地等。

上述图像识别能力的应用场景如下。

（1）智能相册编辑与管理：可以根据智能标签对相册图片进行分类，如将风景照细分为天空、沙滩、夕阳等子类别，也可以将人物事件分为聚餐、运动、演出等类别。

（2）视频场景分析：基于大量图像识别数据，用深度学习算法训练，可准确识别视频中的物体和内容，实现对视频全自动且准确的快速识别，提高检索效率、精度和播放量，节省人力成本，并实现自动化的视频内容检索、个性化推荐、审查和分发。视频分析能力通过对视频进行智能分析，实现视频搜索、去水印、去字幕等视频自动处理能力，可以快速完成视频理解、视频处理和视频分割等任务。

任务 2-1-2　了解视觉智能开放平台中的应用算法

阿里云视觉智能开放平台的视觉能力分类如图 2-5 所示，从功能方面可以将视觉能力分为视觉理解和视觉生产，视觉理解分为识别、检测、分割等，视觉生产分为生成、增强、模拟等；从对象方面可以根据数据的模态、对象和场景等分为不同的类型。

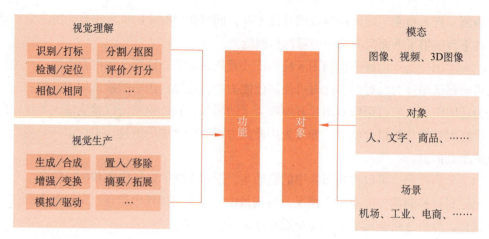

图 2-5　视觉能力分类

　　视觉理解和视觉生产均需要各种 AI 视觉算法来实现，每种视觉应用都有相应的 AI 算法。表 2-1 所示为常用的视觉应用算法，在后续项目中会学习其中几种典型的算法。

表 2-1　常用的视觉应用算法

视觉应用	算　法
图像识别	Alexnet
	VGGNet
	GoogleNet
	DenseNet
目标检测	Fast-RCNN
	Faster-RCNN
	YoLo
	Retina-Net
图像分割	FCN
	Mask-RCNN
视频分割	SegNet
光流	FlowNet
图像生成	GAN
	WGAN
目标追踪	Goturn
	ECO

任务 2-2　为卡口项目准备数据和 PAI-DSW 平台环境

■ 任务目标

- 了解城市中不同种类的数据及高速路绿色通道卡口项目所需实验数据。
- 了解高速路绿色通道卡口项目中阿里云OSS实例创建的目的和过程。
- 掌握高速路绿色通道卡口项目中阿里云PAI-DSW实例创建的过程。
- 掌握高速路绿色通道卡口项目中阿里云PAI-DSW图片上传步骤。
- 掌握高速路绿色通道卡口项目中阿里云PAI-DSW代码文件配置过程。

■ 任务描述

　　本任务利用代码来获取项目所需图片数据，了解高速路绿色通道卡口项目所需数据的要求，完成项目所需数据的准备。独立完成项目中阿里云OSS存储实例的创建过程以及阿里云PAI-DSW平台环境的创建过程。

■ 任务分析

　　本任务首先利用代码在互联网上收集一些关于高速路绿色通道卡口项目的图片数据，即车牌、车型以及驾驶证等，作为实验数据。并将车牌和车型图片合成车辆图片，需要准备的图片数据包括车辆照片和驾驶证照片。

　　其次，本任务需要在PAI-DSW中编写Python代码，将图片上传至阿里云OSS存储中，并调用阿里云OSS存储中的图片数据。因此，需要开通阿里云OSS存储服务。

　　完成了OSS存储实例创建后，需要准备项目环境，即准备PAI-DSW平台环境。在准备阿里云PAI-DSW平台环境中需要完成PAI-DSW实例的创建及启动、上传实验图片、配置实验代码环境三个步骤。

 知识准备

1. 交通卡口数据示例

　　车辆卡口过车数据包括经过的监控卡口标识、经过卡口的时间、车牌号码、车辆品牌、车辆颜色、车辆类型（货车、客车、小轿车等）、车流量等。这部分数据可以通过卡口的硬件设备采集，也可以从开源数据平台获取。

　　（1）进行车流预测时的车流数据示例如图2-6所示。

```
time,volumn
2018/1/18 0:30,514
2018/1/18 0:35,490
2018/1/18 0:40,444
2018/1/18 0:45,467
2018/1/18 0:50,483
2018/1/18 0:55,467
2018/1/18 1:00,511
2018/1/18 1:05,473
2018/1/18 1:10,550
2018/1/18 1:15,723
2018/1/18 1:20,821
2018/1/18 1:25,778
```

图 2-6　车流数据示例

（2）在政府开放数据平台采集的某城市出租车数据如图 2-7 所示。

车辆id	时间	经度	纬度	速度
3000715	2016/11/16 12:11	106.4299	29.82141	45.6
3000723	2016/11/16 12:11	106.5641	29.47568	52.1
3000726	2016/11/16 12:11	106.4484	29.56321	39.6
3000734	2016/11/16 12:11	106.5558	29.60233	26.5
3000734	2016/11/16 12:11	106.5582	29.60236	10.5
3000734	2016/11/16 12:11	106.5602	29.60231	18.4
3000737	2016/11/16 12:11	106.5278	29.57366	32
3000737	2016/11/16 12:11	106.5283	29.57273	21.7
3000737	2016/11/16 12:11	106.5306	29.57152	31.7
3000737	2016/11/16 12:11	106.5334	29.57217	33.2
3000741	2016/11/16 12:11	106.6386	29.72274	0
3000741	2016/11/16 12:11	106.6386	29.72274	0
3000741	2016/11/16 12:11	106.6386	29.72274	0
3000745	2016/11/16 12:11	106.5067	29.3825	13.5
3000745	2016/11/16 12:11	106.5060	29.28153	11.7

图 2-7　出租车数据

（3）利用开源数据得到的某一环形路口的过车数据如图 2-8 所示。

```
timestep_time;vehicle_slope;vehicle_lane;vehicle_angle;vehicle_type;vehicle_pos;vehicle_y;vehicle_x;vehicle_speed;vehicle_id
0.00;0.00;-1356_0;-101.40;Bus;6.10;555.85;1588.94;0.00;BusFlowEastWest0.0
0.00;0.00;28925528_0;-44.63;Bus;6.10;722.81;1270.66;0.00;BusFlowNorthSouth0.0
0.00;0.00;239331354_0;160.22;Bus;6.10;471.48;1183.77;0.00;BusFlowSouthNorth0.0
0.00;0.00;-240120122_0;67.65;Bus;6.10;711.28;874.23;0.00;BusFlowWestEast0.0
0.00;0.00;-1274_0;16.81;Vehicle;4.10;517.45;1849.76;0.00;VehicleFlowEastToNorth.0
0.00;0.00;-1354_0;-93.35;Vehicle;4.10;420.70;1853.89;0.00;VehicleFlowEastToWest_0.0
0.00;0.00;-1280#0_0;-45.05;Vehicle;4.10;759.18;2349.98;0.00;VehicleFlowEastToWest_1.0
0.00;0.00;-1328#0_0;18.54;Vehicle;4.10;1044.08;599.52;0.00;VehicleFlowWestToEast.0
0.00;0.00;229259796#0_0;71.40;Vehicle;4.10;681.40;984.27;0.00;VehicleFlowWestToEast_0.0
0.00;0.00;-1324_0;58.74;Vehicle;4.10;778.93;734.83;0.00;VehicleFlowWestToSouth.0
1.00;0.00;-1356_0;-101.40;Bus;8.14;556.25;1586.94;2.04;BusFlowEastWest0.0
1.00;0.00;28925528#0;-44.63;Bus;7.65;721.70;1269.56;1.55;BusFlowNorthSouth0.0
1.00;0.00;239331354_0;160.22;Bus;7.90;473.17;1184.38;1.80;BusFlowSouthNorth0.0
1.00;0.00;-240120122_0;67.65;Bus;7.86;710.61;875.86;1.76;BusFlowWestEast0.0
1.00;0.00;-1274_0;16.81;Vehicle;7.25;514.43;1850.67;3.15;VehicleFlowEastToNorth.0
1.00;0.00;-1354_0;-93.35;Vehicle;6.82;420.86;1851.18;2.72;VehicleFlowEastToWest_0.0
```

图 2-8　过车数据

2. 阿里云OSS的概念

对象存储是区别于常规的文件存储的一种存储方式。在计算机本地的文件其存储一般为树状结构，路径访问方式方便使用者理解、记忆和访问；但如果是其他计算机软件要访问这些文件，就需要把路径进行分解，然后逐级向下查找，最后才能查找到需要的文件，这对于应用程序来说既没有必要，也浪费性能。简单来说，对象存储和文件存储的区别就是文件存储的使用者是人，而对象存储的使用者是其他计算机软件。数据存储到阿里云 OSS 以后，用户可以选择标准存储作为移动应用、大型网站、图片分享或热点音视频的主要存储方式，也可以选择成本更低、存储期限更长的方式存储不经常访问的数据。

任务 2-2-1　准备卡口项目数据

1. 收集数据的方法

本任务可以利用代码在互联网上收集一些卡口的图片，为实验提供数据。图 2-9~图 2-11 所示是通过 Python 代码获得的图片集。

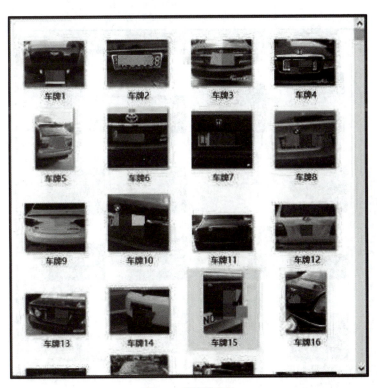

图 2-9　车牌图片集

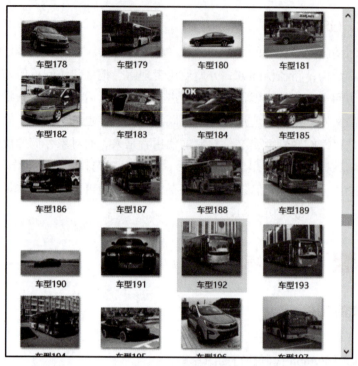

图 2-10　车型图片集

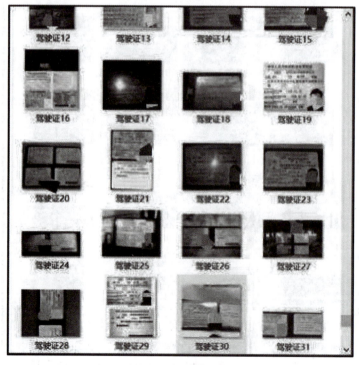

图 2-11　驾驶证图片集

2. 准备数据

（1）将上述收集的车辆及驾驶证图片保存至本地文件夹中。

（2）选取图像清晰、大小适中的两张图片，即一张驾驶证的图片和一张带有车牌的车辆图片，作为本项目使用的图片，如图 2-12 所示。

图 2-12　车辆及驾驶证图片

任务 2-2-2　为卡口项目创建 OSS 实例

完成本项目需要提前在阿里云 OSS 中创建相应图片数据的存储空间，即创建对应项目的阿里云 OSS 存储实例。在创建实例之前，需要先开通阿里云 OSS 存储服务。

完成高速路绿色通道卡口数据准备后，需要开通并创建相应的 OSS 云存储实例，下面将分步骤讲解阿里云 OSS 存储实例的创建过程。

（1）参照附录 2 步骤，进入阿里云 OSS 介绍界面，会出现需要开通 OSS 服务的提示，单击【立即开通】按钮。

（2）成功开通 OSS 界面后，单击【管理控制台】按钮，打开 OSS 管理界面。

（3）如图 2-13 所示，开通 OSS 云存储服务之后，单击【创建 Bucket】按钮，在弹出的创建 Bucket 的表单中填写相应的 Bucket 名称和已购买服务器的地址。在填写完成后，单击【确定】按钮完成创建。

任务 2-2-3　创建并启动 PAI-DSW 实例

（1）登录阿里云官网，选择【产品】→【人工智能】→【机器学习平台 PAI】选项，单击【前往控制台】按钮，选择左侧选项栏【模型开发和训练】下的【交互式建模 DSW】选项，然后选择【Notebook 建模服务】下的【创建实例】选项，填写实例名称，本项目实例名称定为【project1】，按照图 2-14 所示的配置参数进行选择，单击【确认订单】按钮。

创建 OSS 实例
存储

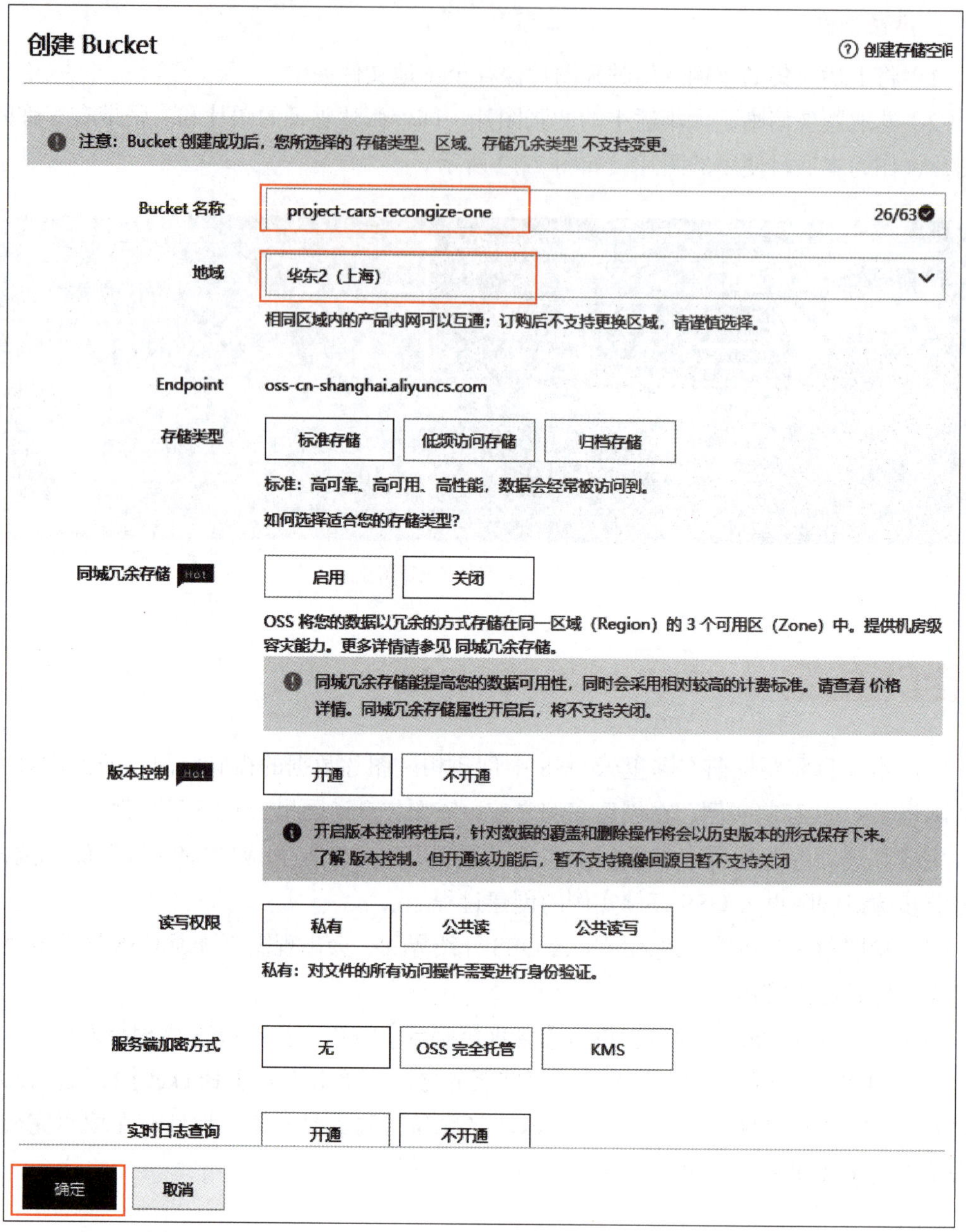

图 2-13　创建 OSS 实例

（2）在随后打开的界面中勾选【服务协议】处的【《机器学习 PAI DSW 服务条款》购买须知】复选框，如图 2-15 所示，单击【创建实例】按钮。

（3）单击【启动】按钮，如图 2-16 所示，启动高速路绿色通道卡口的实例。

（4）进入 PAI-DSW 的开发环境。图 2-17 所示为进入实例后的 Jupyterlab 编译环境，其中，①为顶部菜单栏；②为工具栏；③为工具内容；④为主工作区；⑤为资源水位。

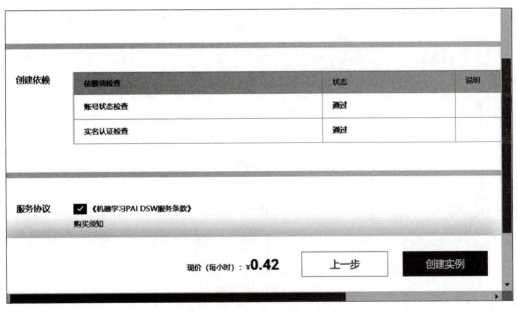

图 2-14 配置高速路绿色通道卡口实例的参数

图 2-15 创建高速路绿色通道卡口实例

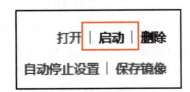

图 2-16 启动高速路绿色通道卡口的实例

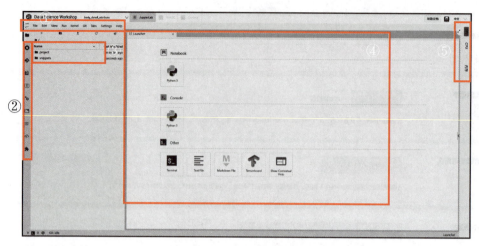

图 2-17　Jupyterlab 编译环境

（5）上传实验图片。如图 2-18 所示，单击 ☝ 按钮，上传准备好的图片数据，即驾驶证图片和车辆图片。

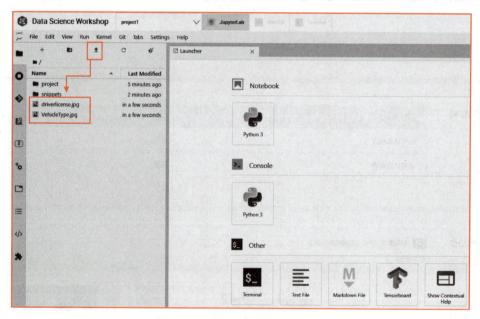

图 2-18　上传驾驶证图片和车辆图片

（6）配置实验代码环境。完成图片上传后，选择【Other】选项栏下的【Terminal】选项，打开命令行界面，分别输入"pip install aliyun-python-sdk-core""pip install aliyun-python-sdk-ocr""pip install aliyun-python-sdk-imagerecog""pip install aliyun-python-sdk-objectdet"，安装阿里云 SDK 核心库、阿里云文字识别 SDK、阿里云图像识别 SDK、阿里云目标检测 SDK，如图 2-19 所示。

DSW 环境介绍

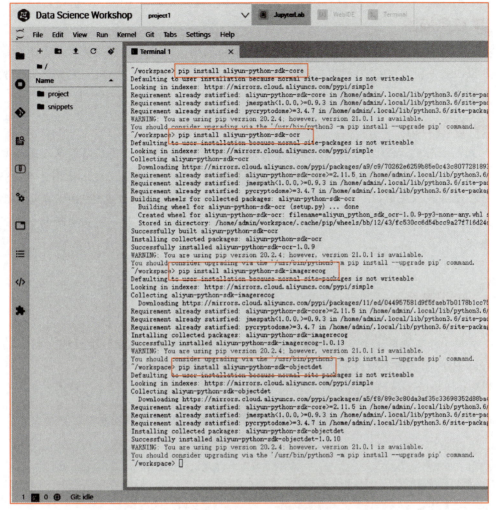

图 2-19　安装高速路绿色通道卡口实例的 SDK

任务 2-3　高速路绿色通道卡口模型项目实现

■ 任务目标

- 了解驾驶证识别、车型识别API的相关参数。
- 掌握在阿里云PAI-DSW中编写Python代码导入包。
- 掌握在阿里云PAI-DSW中编写Python代码定义项目变量。
- 掌握在阿里云PAI-DSW中编写Python代码上传图片至OSS并获取URL。
- 掌握在阿里云PAI-DSW中编写Python调用驾驶证识别、车型识别API。

■ 任务描述

本任务要在阿里云PAI-DSW中编写Python代码，同时导入相关使用包，上传图片至OSS并获取URL，利用代码来调用驾驶证识别、车型识别API，完成识别驾驶员信息的功能。

■ 任务分析

完成阿里云PAI-DSW平台环境准备后，即可开始编写建立高速路绿色通道卡口模型的Python代码，即通过阿里云PAI-DSW编写Python代码，上传本地图片至OSS云存储并获取图片URL，调用阿里云视觉智能开放平台驾驶证识别API、车型识别API，识别并解析驾驶证、车型信息，最后通过对比信息是否一致来判断卡口是否准许放行。

📚 知识准备

本任务实现的关键是通过编写 Python 代码调用阿里云视觉智能开放平台中的 API，因此需要对本项目中所使用的 API 参数的基础知识进行介绍。

1. 车牌识别API参数

（1）请求参数：表示使用该 API 时需要的参数，如图 2-20 所示。

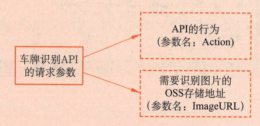

图 2-20　车牌识别 API 的请求参数

（2）返回参数：表示使用该 API 后获得的返回数据及数据的返回形式，如图 2-21 所示。

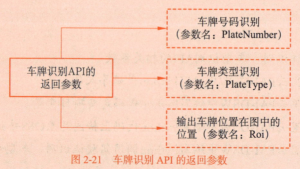

图 2-21　车牌识别 API 的返回参数

2. 车型识别API参数

（1）请求参数：表示使用该 API 时需要的参数，如图 2-22 所示。

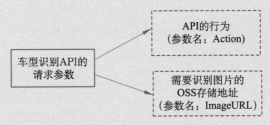

图 2-22　车型识别 API 的请求参数

（2）返回参数：表示使用该 API 后获得的返回数据及数据的返回形式，如图 2-23 所示。

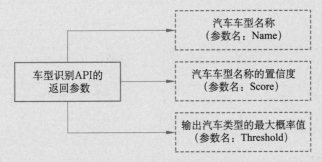

图 2-23　车型识别 API 的返回参数

3. 驾驶证识别API参数

（1）请求参数：表示使用该 API 时需要的参数，如图 2-24 所示。

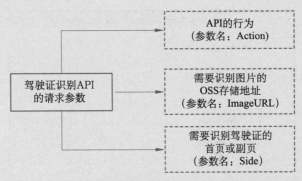

图 2-24　驾驶证识别 API 的请求参数

（2）返回参数：表示使用该 API 后，获得的返回数据及数据的返回形式，如图 2-25 所示。

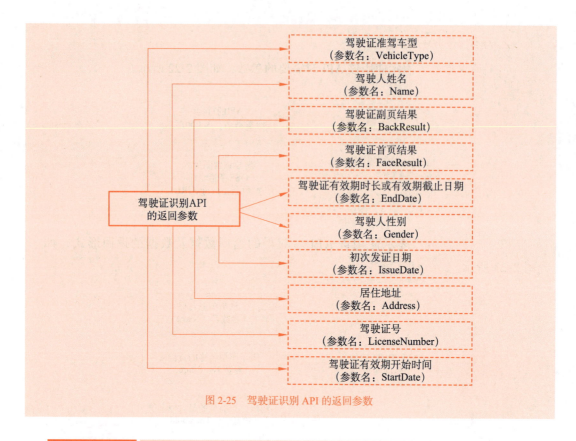

图 2-25　驾驶证识别 API 的返回参数

任务 2-3-1　编写 Python 代码导入包

（1）根据上述分析，首先打开阿里云 PAI-DSW，单击图 2-26 所示的 Python 3 图标，新建名为"RecognizeVehicle"的 Python 文件。

图 2-26　新建项目 Python 文件

（2）打开 RecognizeVehicle 文件，输入如下代码，这些代码表示本项目所需导入的包。

```
from aliyunsdkcore.client import AcsClient
from aliyunsdkcore.acs_exception.exceptions import ServerException,
ClientException
from aliyunsdkimagerecog.request.v20190930.RecognizeVehicleTypeRequest
import RecognizeVehicleTypeRequest
from aliyunsdkocr.request.v20191230.RecognizeDriverLicenseRequest import
RecognizeDriverLicenseRequest
import json
import oss2
import cv2
import numpy as np
```

第 1 句导入阿里云核心包；第 2 句导入阿里云服务器和客户端异常包，以判断可能发生的异常情况；第 3 句导入阿里云图像识别中车型识别的核心包；第 4 句导入阿里云文字识别中驾驶证识别的核心包；第 5 句导入 json 包解析 API 返回数据；第 6 句导入 oss2 包，实现阿里云 OSS 存储的调用；第 7 句导入 cv2 包，实现实验中图片的相关处理；第 8 句导入 numpy 包，实现实验中图片大小变化的处理。上述所有 Python 包均为本任务必须使用的代码包，将上述代码输入打开的 RecognizeVehicle 文件中，完成代码包导入。

任务 2-3-2　编写 Python 代码定义项目变量

完成上述代码包导入之后，需要定义项目中的变量。输入如下代码，这些代码表示本项目所需配置的变量。

```
file_path = []
up_filename = []
file_path.append('./VehicleType.jpg')
endpoint = 'http://oss-cn-shanghai.aliyuncs.com'
access_key_id = 'LTAI4GEAFghc2o6p2452MBua'
access_key_secret = 'E3hW4PRW9sZJ3SNh7k6cY1WrMggFdZ'
bucket_name = 'project-car-recongize-one'
up_filename.append('VehicleType.jpg')
```

第 1 句创建图片文件的本地路径列表，用来存储图片的本地路径；第 2 句创建上传至 OSS 存储中的图片名列表；第 3 句将实验图片的地址添加进列表中；第 4 句定义阿里云使用的节点变量；第 5 句创建 access_key_id 变量，其中 access_key_id 是阿里云的登录 ID；第 6 句创建 access_key_secret 变量，其中 access_key_secret 是阿里云的登录 secret；第 7 句创建 bucket_name 变量，其中 bucket_name 是 OSS 实例创建的 bucket 名字；第 8 句将 OSS 中需要上传的图片名称添加到 up_filename 变量中，即目标图片名称。若图片不在 Bucket 根目录，需携带文件访问路径，如 example/example.jpg。

任务 2-3-3 编写 Python 代码上传图片至 OSS 并获取 URL

（1）完成项目变量的定义后，需要将图片上传至定义的阿里云 OSS 云存储 Bucket 中，并获取该图片的 URL（uniform resource locator，统一资源定位符）。在完成此步骤之前，需要先对实验图片进行处理，缩放图片大小，使其小于上传的上限。

```python
def file_resize(img, file_path):
  img_resize = []
  print('原图片1: '+' 长: '+str(img[0].shape[0]) + " + ' 宽: ' + str(img[0].
shape[1])+'\n')
  print('原图片2: ' + ' 长: ' + str(img[1].shape[0]) + ' ' + ' 宽: ' + str(img[1].
shape[1]) + '\n')
  img_resize.append(cv2.resize(img[0], (800, 800), ))
  img_resize.append(cv2.resize(img[1], (700, 500), ))
  print('改变后图片1: '+' 长: ' + str(img_resize[0].shape[0]) + ' '+' 宽: ' +
str(img_resize[0].shape[1])+'\n')
  print('改变后图片2: ' +' 长: '+str(img_resize[1].shape[0])+' ' +' 宽: ' +
str(img_resize[1].shape[1]) + '\n')
  cv2.imwrite(file_path[0], img_resize[0])
  cv2.imwrite(file_path[1], img_resize[1])
  return img_resize
```

上述代码自定义了一个 file_resize 方法用来缩放图片。第 1 句定义 file_resize 方法，传入的参数为需要缩放的图片及图片路径；第 2 句定义一个列表，用来存储变形后的图片；第 3 和第 4 句分别输出两张需要上传图片的大小；第 5 和第 6 句分别通过 cv2 包中的 cv2.resize 方法对图片进行缩放；第 7 和第 8 句分别输出两张图片缩放后的大小；第 9 和第 10 句分别通过 cv2 包中的 cv2.imwrite 方法对缩放后的图片原路径保存。

（2）完成实验图片的缩放后，需要创建 bucket 对象，以便通过代码调用 OSS 存储中的 bucket 文件。下面代码就展示了如何创建 bucket 对象。

```python
auth = oss2.Auth(access_key_id, access_key_secret)
bucket = oss2.Bucket(auth, endpoint, bucket_name)
```

第 1 句表示创建 OSS 授权登录的对象；第 2 句创建 bucket 对象。

（3）将图片上传至定义的阿里云 OSS 云存储 Bucket 中，并获取该图片的 URL。下面代码就展示了如何将处理后的实验图片上传至阿里云 OSS 云存储中并获取 URL。

```python
def Up_file_return_URL(bucket, up_filename, file_path, style = 'image'):
  url = []
  try:
    bucket.put_object_from_file(up_filename[0], file_path[0])
    bucket.put_object_from_file(up_filename[1], file_path[1])
    print(' 上传成功 \n')
    url.append(bucket.sign_url('GET', up_filename[0], 10 * 60,
    params={'x-oss-process': style}))
```

```
except:
    print(' 上传失败 \n')
    pass
return url
```

上述代码自定义了一个 up_file_return_URL 方法用来获取上传至 OSS 后图片生成的 URL。第 1 句定义 up_file_return_URL 方法，传入的参数为创建的 bucket 对象、上传至 OSS 中的图片名称、图片的路径、生成 URL 所需的参数；第 2 句表示创建数组 url 来存放需要识别的图片的链接；第 3 句采用 try 语句尝试上传实验图片，接收服务器异常；第 4 和第 5 句分别向创建完成的 OSS 中上传实验图片；第 6 句输出成功的标志；第 7 句生成实验图片带签名的 URL，并指定过期时间为 10 分钟，过期时间单位为秒；第 8 句表示如果上传失败，执行下面程序；第 9 句输出上传失败的标志；第 10 句继续执行；第 11 句返回图片的 URL。

任务 2-3-4　编写 Python 代码识别驾驶员信息是否和车辆信息一致

（1）在获取到实验图片的 URL 之后，就可以调用相应 API 来识别实验图片信息。但在调用 API 之前，需要先申请授权 API 调用。如下代码展示了如何授权。

```
client = AcsClient(access_key_id, access_key_secret, 'cn-shanghai')
```

（2）申请授权 API 调用之后，即可调用驾驶证识别 API、车型识别 API，识别驾驶员准驾信息是否和车型信息一致。

```
request_car = RecognizeVehicleTypeRequest()
request_car_ID = RecognizeDriverLicenseRequest()
request_car.set_accept_format('json')
request_car_ID.set_accept_format('json')
request_car_ID.set_Side("face")
request_car.set_ImageURL(url[0])
request_car_ID.set_ImageURL(url[1])
response_car = client.do_action_with_exception(request_car)
response_car_ID = client.do_action_with_exception(request_car_ID)
```

第 1 句调用车型识别 API；第 2 句调用驾驶证识别 API；第 3 和第 4 句定义车型识别和驾驶证识别 API 的数据返回形式；第 5 句定义驾驶证识别 API 的识别正反面参数；第 6和第 7 句向对应 API 上传对应图片的 URL；第 8 和第 9 句向阿里云相应 API 发起请求并得到返回结果。

（3）完成驾驶证识别、车型识别 API 的调用后，需要将对应 API 的返回结果进行解析，分离出有效信息。下面代码展示了如何解析驾驶证识别、车型识别 API 的返回结果。

```
response_dict = json.loads(response_car)
response_dict_car_ID = json.loads(response_car_ID)
    for i in response_dict['Data']['Elements']:
```

```
        if (response_dict['Data']['Threshold'] == i['Score']):
            print('检测到的车型是：' + str(i['Name']))
            print('该车型的置信度是：' + str(i['Score']) + '\n')
    print('检测到驾驶证的地址为：' + str(response_dict_car_ID['Data']['FaceResult']
    ['Address']))
    print('检测到驾驶证有效时长' + str(response_dict_car_ID['Data']['FaceResult']
    ['EndDate']))
    print('检测到驾驶人性别为：' + str(response_dict_car_ID['Data']['FaceResult']
    ['Gender']))
    print('驾驶证发证日期' + str(response_dict_car_ID['Data']['FaceResult']['IssueDate']))
    print('检测驾驶证号：' + str(response_dict_car_ID['Data']['FaceResult']
    ['LicenseNumber']))
    print('检测到驾驶人名：' + str(response_dict_car_ID['Data']['FaceResult']
    ['Name']))
    print('驾驶证有效期开始时间' + str(response_dict_car_ID['Data']['FaceResult']
    ['StartDate']))
    print('驾驶证准驾车型' + str(response_dict_car_ID['Data']['FaceResult']
    ['VehicleType']) + '\n')
```

第 1 和第 2 句将 API 返回的 json 格式的数据转化为字典的形式；第 3~6 句循环完成对车型识别的解析；余下语句完成对驾驶证识别的解析。

（4）完成驾驶证识别、车型识别 API 返回信息的解析后，需要对解析的信息进行比对，最终确认驾驶员信息是否和车辆信息一致。

```
if (str(response_dict_car_ID['Data']['FaceResult']['VehicleType']) == 'C1'):
    print("驾驶车型与当前车辆相符！！！")
    print("准许通行！！！\n")
else:
    print("驾驶车型与当前车辆不符！！！")
    print("不准通行！！！\n")
```

通过解析驾驶证上的信息，并将解析到的信息与相应车型进行对比，确认驾驶证上的准驾车型与识别车辆的车型是否相同，从而确认是否开放卡口。

任务 2-3-5　识别车辆信息并判断是否为绿色通道可通行车辆

（1）完成驾驶员信息、车型信息一致性检测后，需要添加车牌识别 API，并结合车型识别 API 完成高速路绿色通道卡口模型的任务。下面代码展示了车牌识别 API 的调用代码与其他 API 的不同之处，相应的 OSS 的授权、图片的上传、URL 的获取、API 返回值的获取与任务 2-3-4 代码一致，不再赘述。

```
from aliyunsdkocr.request.v20191230.RecognizeLicensePlateRequest
import Recognize License Plate Request
request_car_ID = RecognizeDriverLicenseRequest()
response_dict_car = json.loads(response_car_Plates)
    print('检测到车牌号码是：'+ str(response_dict_car['Data']['Plates'][0]['PlateNumber']))
    print('检测到车牌号码置信度是：' +
    str(response_dict_car['Data']['Plates'][0]['Confidence']) + '\n')
```

第 1 句导入阿里云车牌识别的包；第 2 句调用阿里云车牌识别 API；第 3 句将 API 返回的 json 格式的数据转化为字典的形式；第 4 和第 5 句解析 API 的返回结果。

（2）完成车牌识别 API 调用后，下面代码将展示如何通过车型识别、车牌识别的解析结果对比判断是否为绿色通道可通行车辆。

```python
for i in response_dict['Data']['Elements']:
  if(response_dict['Data']['Threshold'] == i['Score']):
   if(str(i['Name']) == 'MPV_mian'):
     print(' 可进入绿色通道！！！ \n')
     if(str(response_dict_car_ID['Data']['FaceResult']['VehicleType'])==
'B2'):
       print(" 车辆信息核验正确！！！ \n")
   else:
     print(' 不可进入绿色通道！！！ \n')
     if (str(response_dict_car_ID['Data']['FaceResult']['VehicleType'])== 'C1'):
       print(" 驾驶车型与当前车辆相符！！！ ")
       print(" 准许通行！！！ \n")
   else:
     print(" 驾驶车型与当前车辆不符！！！ ")
     print(" 不准通行！！！ \n")
```

首先，通过任务 2-3-4 判断驾驶员信息和车辆信息是否一致；其次，通过车型初次判断该车是否属于绿色通道通行车辆；再次，结合车牌识别，人工判断是否为已登记备案车辆的车牌；最后，综合考虑三个因素判断该车辆是否准许通过绿色通道。一般来说，只有货运车辆才会申请通过绿色通道。已登记备案的可直接通过，未登记的车牌就需要进一步查验货物了。

（3）在阿里云 PAI-DSW 中编写完代码后，单击图 2-27 所示的运行按钮▶。

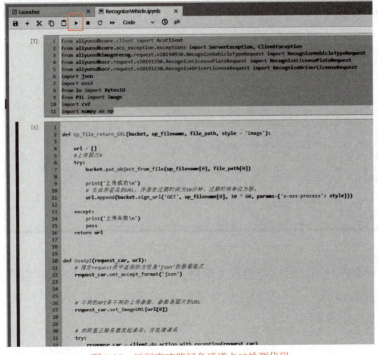

图 2-27 运行高速路绿色通道卡口检测代码

高速路卡口检查站数据检测项目运行过程

（4）结果如图 2-28 所示，被检车型为 SUV，且与司机准驾车型一致，可直接通行，但不可进入绿色通道。

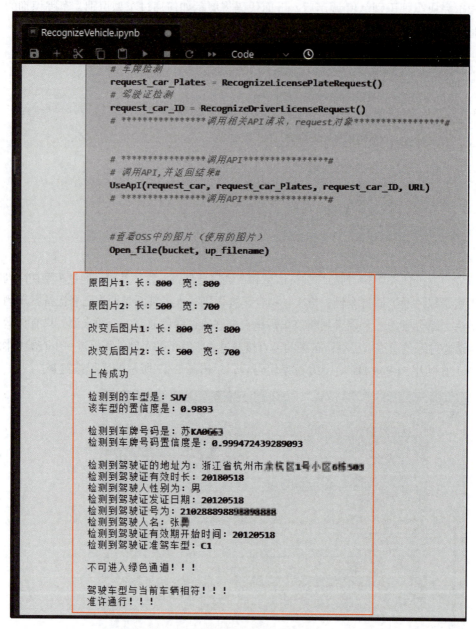

图 2-28　高速路绿色通道卡口检测结果

通过对检测出的数据进行对比可以得出相关信息，用来辅助工作人员进行判断。

以上任务的详细操作步骤见电子实验手册（高级）"实验 6　利用 PAI 平台建立高速路绿色通道卡口模型及应用部署"。

◆ 项目总结 ◆

本项目以 Python 代码的形式完整地介绍了高速路绿色通道卡口模型的搭建，并通过任务的形式实现了整个绿色通道卡口模型项目。在项目搭建过程中，首先介绍了阿里云视觉智能开放平台相关知识，学习了阿里云 OSS 的创建，阿里云 PAI-DSW 的创建、上传文件、编写 Python 代码和执行文件等相关操作，最后在 PAI-DSW 上运行出高速路绿色通道卡口模型项目的实验结果。同时，逐一介绍了项目中使用的车牌识别 API、车型识别 API、驾驶证识别 API 的 Python 调用方法。本项目较项目 1 的难度有所增加，既学习了 OSS 实例的创建、PAI-DSW 基本环境的准备这些必备技能，也锻炼了使用 Python 编写代码对 API 进行调用的能力，是开发复杂的综合性项目的基础。

◆ 练习题 ◆

1.（单选题）AI 视觉算法有很多，每种都有相应的 AI 算法，下列不属于典型的目标检测算法的是（　　　）。

　　A. Fast-RCNN　　　　B. Faster-RCNN　　　　C. YoLo　　　　　　D. SegNet

2.（单选题）阿里云对象存储 OSS 是阿里云提供的海量、安全、低成本、高持久的云存储服务，提供标准、低频访问、归档、冷归档四种存储类型。其中，适合长期保存不经常访问的数据（平均每月访问频率 1 到 2 次）的类型是（　　　）。

　　A. 标准存储类型　　　　　　　　　B. 低频访问存储类型

　　C. 归档存储类型　　　　　　　　　D. 冷归档存储类型

3.（多选题）OSS 主要适用于（　　　）。

　　A. 静态网站内容和音视频的存储与分发　　B. 语义识别

　　C. 静态网站托管　　　　　　　　　　　　D. 语音识别

4.（多选题）在城市高速路卡口车辆检测项目中，车辆卡口过车数据包括（　　　）。

　　A. 监控卡口标识　　　　　　　　　B. 经过卡口的时间

　　C. 车牌号码　　　　　　　　　　　D. 车辆品牌

　　E. 车内人员数量　　　　　　　　　F. 车辆类型

　　G. 车辆人员信息　　　　　　　　　H. 车辆颜色

5.（判断题）PAI-DSW 不支持 MaxCompute 和 OSS 数据的接入。（　　　　）

项目3

人工智能应用算法模型开发
—— 以城市管理场景为例

 项目概述

1. 项目背景

　　城市大脑平台各种智能功能的实现依托于人工智能机器学习平台，利用先进的人工智能技术和算法，建立起城市级人工智能模型，服务各类复杂应用场景。城市管理中的社区管理场景，可以对社区人、车进行核入，在社区出入口对进入车辆进行检测、跟踪，并在车牌满足识别条件时进行识别，同时对车辆驾驶员及相关人员进行判断，实时上报相关结果，保障社区居住环境安全、可靠。

　　在社区中，火灾时常发生并且给人民群众造成的损失巨大。通过人工智能火情烟雾检测技术可以识别社区内的异常火焰、烟雾，对社区可视区域进行全天候不间断巡视，检测和定位特定居民楼层发生火灾的区域，并及时上报火警。

2. 项目架构

　　本项目通过三个任务，从"0代码"搭建（可视化建模）和代码搭建两个方面讲解人工智能应用模型的开发。第一个任务是城市天气数据预处理，主要学习 PAI-Studio 可视化建模工具对城市天气数据进行统计、转化、可视化等一系列操作，直观地展示出不同变量对城市天气的影响情况。第二个任务是学习数据二分类算法模型，使用 PAI-Studio 搭建二分类模型并训练了 10 组（拥有 8 个特征值，被分为 1 和 –1 两种类型）数据。训练完成后，再通过 PAI-Studio 预测训练结果并评估模型的准确性。第三个任务是模拟社区火情检测场景，通过在 PAI-DSW 平台上编写火情检测算法的代码，讲解了图片二分类算法的实现原理及应用过程。

3. 项目知识

本项目的知识内容包括机器学习和机器学习平台的基础知识。在任务 3-1 中的知识准备部分介绍了阿里机器学习 PAI 平台的基本情况；在任务 3-2 的知识准备部分学习了 PAI-Studio 提供的算法组件和 PAI-Studio 可视化训练模型的步骤；在任务 3-3 中简单介绍了二分类算法的基本概念；在任务 3-4 中介绍了本项目用到的 PyTorch 的框架知识、ResNet18 网络和 Softmax 函数基本知识，以及算法模型训练、评估、优化的基本知识和方法。

 学习目标

1. 知识目标

- 了解 PAI-Studio 图形化建模工具的应用场景。
- 了解机器学习二分类方法的基本概念。
- 了解 PAI-DSW 编写二分类算法所需数据的要求。
- 了解 ResNet+Softmax 网络模型结构。

2. 技能目标

- 能使用 PAI-Studio 组件进行数据预处理、统计分析。
- 能使用 PAI-Studio 对数据进行可视化展示。
- 能使用 PAI-Studio 进行二分类数据模型的搭建、训练、预测。
- 能使用 PAI-DSW 训练和测试网络模型。

项目导图

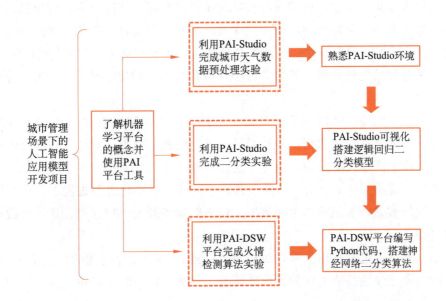

任务 3-1　登录并使用阿里机器学习 PAI 平台

■ 任务目标

- 熟悉PAI平台工具的登录方法。
- 掌握PAI-Studio的账号授权方法。

■ 任务描述

本任务为使用PAI-Studio工具做准备，需要独立完成PAI-Studio子账号、OSS资源和GPU资源的授权。

■ 任务分析

本任务利用PAI-Studio对子账号进行授权，为使用工具做准备，同时要学习OSS和GPU资源的一些基本知识。

 知识准备

1. 机器学习概述

机器学习是指机器通过统计学算法，对大量历史数据进行学习，进而利用生成的经验模型指导业务。机器学习包括传统机器学习和深度学习，传统机器学习分为有监督学习、无监督学习及增强学习。机器学习平台通常是一套能够辅助用户快速选择出最适合的算法、完成算法调参、将模型训练部署在云端CPU、监控管理训练过程的完整系统。机器学习平台最核心的三种功能是数据处理、建模与部署。

（1）数据处理：机器学习的基础是数据，绝大多数的机器学习需要样本数据。样本数据也称标记数据，是指对数据进行整理、归类、批注、添加标签等操作，在数据上添加人类知识。首先，通过数据采集向机器学习平台中导入外部数据；然后，进行导入/导出、转换、校验、清洗、可视化等数据加工；最后对采集到的原始数据、加工后的中间数据、用户数据等数据进行存储，这就是数据处理的过程。

（2）建模：建模过程又称训练模型，指通过实验设计问题的最佳解决方案。建模的主要工作是特征工程和超参数调整。特征工程指的是对输入模型的数据进行预处理，以更好地表达信息；超参数调整则指的是调整初始参数、选择算法等步骤。

（3）部署：模型搭建好后要将其部署到线上，通过向其中输入数据来进行推理和预测。部署不是简单地在线上复制模型，还要考虑模型的线上管理。

目前，应用最为广泛的机器学习平台是 TensorFlow 平台。TensorFlow 平台具备灵活而丰富的表达，可以迅速地满足不同算法的要求，其可执行性强，拥有分布可扩展性，且具有可移植性，可随时部署模型。此外，TensorFlow 平台支持多种平台运行，有内置的 API 方便调用，可以进行可视化训练。由于 TensorFlow 平台部署简单，且学习资料丰富，因此，目前大部分机器学习平台都兼容和支持 TensorFlow 平台的架构。

2. 阿里云PAI平台

阿里云 PAI 平台提供一站式的机器学习解决方案，本书内容会用到可视化建模工具 PAI-Studio、云端机器学习集成开发环境 PAI-DSW，以及 Notebook 代码开发工具。

PAI 平台支持一站式机器学习，只要准备好训练数据，存放到阿里云 OSS（阿里云对象存储服务）或 MaxCompute（阿里的大数据计算服务）中，所有建模工作（包括数据上传、数据预处理、特征工程、模型训练、模型评估和模型发布至离线或在线环境）都可以通过 PAI 平台实现。此外，PAI 平台可以对接 DataWorks（数据工场，原大数据开发套件），支持 SQL、UDF、UDAF、MR 等多种数据处理方式，提供数据集成、数据开发、数据地图、数据质量等数据相关服务。

本项目将要学习的 PAI-Studio 可以为开发者提供可视化的机器学习实验开发环境，实现"零代码"开发人工智能服务，同时提供了丰富且成熟的机器学习算法。PAI-Studio 支持阿里云主、子账号登录方式。如果使用子账号，则需要主账号对其进行授权。PAI-Studio 可通过授权 OSS 来调取 OSS 存储数据进行数据源的创建，还可通过授权 GPU 资源来加速模型训练。

PAI-Studio 与 DataWorks 可共享项目空间，如果使用子账号创建 MaxCompute 或 PAI-Studio 项目，则需要为其进行授权。本项目需要使用子账号进行，因此开始之前需要主账号对子账号进行授权。下面讲解 PAI-Studio 的相关授权步骤（更详细的操作步骤可以参考电子实验手册（高级）中实验 3 的内容）。

1. 子账号授权

（1）参照附录 1 中的步骤，登录 RAM（resource access management，资源访问控制）控制台。

（2）在左侧导航栏选择【人员管理】→【用户】选项。

（3）授权操作步骤。

① 在【用户】页面单击【操作】列下的【添加权限】按钮。

② 在【添加权限】面板单击【自定义策略】按钮（可选操作）。

③ 在【选择权限】下的文本框中输入"AliyunDataWorksFullAccess"。

④ 单击【权限策略名称】下的【AliyunDataWorksFullAccess】按钮，使其显示在已选择列表中。

⑤ 单击【确定】按钮。图 3-1 所示为 RAM 访问控制界面。

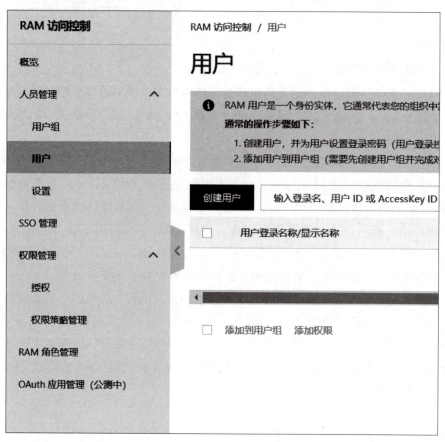

图 3-1　RAM 访问控制界面

（4）创建 AccessKey。

① 在用户页面单击【用户登录名称】按钮。

② 在用户基本信息页面的【用户 AccessKey】区域单击【创建 AccessKey】按钮。

③ 使用主账号登录 DataWorks，为子账号配置 MaxCompute 项目权限。

2. OSS授权

PAI-Studio 支持 OSS 存储，需要主账号对服务关联角色进行授权。

（1）登录 PAI 控制台。

（2）在 PAI 控制台首页选择【模型开发和训练】→【Studio 可视化建模】选项。

（3）在 PAI 可视化建模页面单击【操作】列下的【进入机器学习】按钮。

（4）在 PAI-Studio 控制台首页选择【设置】→【基本设置】选项。

（5）在基本设置页面的 OSS 访问授权区域勾选【授权机器学习读取我的 OSS 中的数据】复选框，其他参数采用默认配置。

3. GPU资源授权

PAI-TensorFlow 机器学习框架的底层如果使用 GPU 计算资源，需要对 GPU 计算资源进行授权。

（1）登录 PAI 控制台。

（2）在 PAI 控制台首页选择【模型开发和训练】→【Studio 可视化建模】选项。

（3）在 PAI 可视化建模页面打开【开启 GPU】开关。

任务 3-2 使用 PAI-Studio 可视化建模工具进行数据预处理

■ 任务目标

• 掌握PAI-Studio实例的创建及数据源的制作方法。

• 掌握PAI-Studio组件中数据预处理、工具及统计分析的基本用法。

• 掌握PAI-Studio可视化数据展示的方法。

■ 任务描述

本任务要利用PAI-Studio工具独立完成一个项目，需要在PAI-Studio中创建项目，并学习数据的制作和数据预处理，以及数据的可视化展示。

■ 任务分析

本任务通过阿里云PAI平台中的PAI-Studio完成数据预处理，实验收集了100条城市天气的相关数据，数据内容包含采集时长、采集时间、CO_2含量、PM2.5（本项目中pm2代表PM2.5）含量、PM10含量、SO_2含量、CO含量以及NO_2含量等空气质量参数，并设定当空气中PM2.5含量大于200时会出现雾霾。本任务学习利用PAI-Studio完成城市天气数据的预处理，并可视化输出数据预处理结果。

 知识准备

PAI-Studio 支持使用模板或手动创建实验。通过模板可以快速创建实验，运行成功后，直接进行模型部署；手动创建实验时，系统提供了百余种算法组件，并支持接入 MaxCompute 表数据或 OSS 数据等多种数据源。进行模型训练时，系统支持 AutoML 自动调参及导出 PMML（predictive model markup language，预测模型标记语言），辅助获得最佳模型。

PAI-Studio 提供的算法组件如下。

（1）传统机器学习组件：数据预处理、特征工程、统计分析、时间序列、文本分析及网络分析等算法组件。

（2）深度学习框架组件：TensorFlow、Caffe、MXNet 及 PyTorch 等深度学习框架。

PAI-Studio 可视化训练模型的步骤如下。

（1）创建项目：PAI-Studio 通过项目管理资源、权限及实验，用户可以在每个项目中创建多个实验。

（2）准备数据：将原始数据上传至 MaxCompute 或 OSS 中，并配置实验数据源。

（3）数据预处理：对原始数据进行预处理，生成模型训练集和模型预测集。

（4）数据可视化：对实验数据进行可视化处理，获取数据信息。

（5）算法建模：对模型训练集进行算法建模，生成训练模型。

（6）评估模型：对模型预测集使用训练模型进行预测，评估模型准确性。

任务 3-2-1　在 PAI-Studio 平台上创建新项目

（1）在 PAI 可视化建模的控制界面中单击【创建项目】按钮，弹出相应的右侧表单，依次填写【项目名称】、【显示名】、【项目描述】（图 3-2），单击【确定】按钮，即可完成 PAI-Studio 新项目的创建（【显示名】和【项目描述】可以选择是否填写，更详细的操作步骤可以参考电子实验手册（高级）中的实验 3）。

（2）项目完成创建之后，单击【进入机器学习】操作，进入 PAI-Studio 可视化建模界面。

（3）本任务开始之前需要先创建一个新的实验项目。如图 3-3 所示，在 PAI-Studio 可视化建模页面单击【新建实验】按钮，创建一个新的实验画布。

（4）在弹出的表单中依次填写【名称】和【描述】，单击【确定】按钮，完成实验项目的创建。（在【位置】中可以新建文件夹，本任务的实验项目就放在【我的实验】文件

夹中。）

提示：DataWorks项目空间创建完成后，您可以在此项目内继续创建PAI实验，也可以在
DataWorks产品中管理、使用此项目。

当前区域	华东 2（上海）
* 依赖检测	✓ 当前账户已完成实名认证
	✓ 当前账户已拥有Accesskey
* MaxCompute	● 按量付费　　○ 包年包月　去 购买

PAI Studio底层计算依赖MaxCompute，请先开通当前区域的MaxCompute，
建议采用 按量付费 的后付费方式购买。

* 项目名称	

长度为3~27个字符，必须以字母开头，只能包含字母、下划线和数字

显示名	

不能超过27个字符，必须以字母、中文开头，只能包含中文、字母、下划线和
数字

项目描述	

不能超过80个字符

GPU选项	不使用 ▼ ❓

图 3-2　创建项目

图 3-3　新建实验

（5）完成上述操作之后，可以在左侧菜单栏的【我的实验】文件夹中找到新建的实验。

任务 3-2-2　在 PAI-Studio 平台创建数据源

本任务用到的 100 条城市天气的相关数据是事先为读者准备好的，这些数据要在 PAI-Studio 上进行预处理。因此，需要在 PAI-Studio 上构建新表，之后从本地上传相应的 .csv 表格数据，对 PAI-Studio 新建的表格进行填充。

图 3-4　创建数据源界面

（1）如图 3-4 所示，单击【数据源】→【创建表】按钮。

（2）如图 3-5 所示，弹出创建数据源的表单，填写【表名】，并在【表结构】中单击绿色"+"按钮。需要上传的表有多少列，就单击多少次绿色"+"按钮，因此在创建表时需要了解本地上传的表每一列的列名。

（3）图 3-6 所示是本次实验需要上传的表格，该表格共有 8 列，其中，各表头的含义如下：time 代表测量的日期，hour 代表测量的时间点、pm2 和 pm10 代表可吸入颗粒物，so2 代表 SO_2、co 代表 CO、no2 代表 NO_2。其中，对雾霾影响最大的参数拟定为 pm2，当 pm2 的数值达到 200 以上时，就会出现雾霾等污染天气。

（4）将此表上传至 PAI-Studio 后，需要在本地将第一行数据删除。这是因为在 PAI-Studio 创建表单时会手动添加列名。为避免表头重复造成的创建失败，建议删除本地表头。

图 3-5　创建数据源的表单

1	序号	time	hour	pm2	pm10	so2	co	no2
2	1	20160101	2	85	123	18	1.8	72
3	2	20160101	8	114	127	25	2.3	81
4	3	20160101	11	123	140	27	2.5	83
5	4	20160101	14	134	150	30	2.6	86
6	5	20160101	17	150	168	32	2.8	92
7	6	20160101	20	166	191	34	3	97
8	7	20160101	23	179	207	35	3.2	101
9	8	20160102	1	190	222	37	3.4	104
10	9	20160102	10	225	249	39	3.8	107
11	10	20160102	19	244	287	41	4	113
12	11	20160102	22	269	333	41	4.2	117
13	12	20160103	0	287	363	41	4.2	119
14	13	20160105	16	16	38	4	0.4	30
15	14	20160105	19	21	69	6	0.5	33
16	15	20160105	22	32	86	8	0.7	38
17	16	20160106	0	40	95	9	0.8	41
18	17	20160106	9	49	89	13	1.1	53
19	18	20160106	12	50	79	14	1.1	53
20	19	20160106	15	49	71	13	1.1	50
21	20	20160106	18	44	62	12	1	47
22	21	20160106	21	34	50	10	0.9	42
23	22	20160107	2	18	32	6	0.6	33

图 3-6　本地表结构

（5）如图 3-7 所示，结合本地数据表的结构，在 PAI-Studio 中创建数据源时需要添加 8 列，列名分别是"number""time""hour""pm2""pm10""so2""co""no2"。在创建列名时需要定义相应列的变量类型，其中 bigint 表示用更大的范围表示整型，double 表示双精度浮点类型，decimal 表示小数型，string 表示字符串型，boolean 表示布尔型，datetime 表示时间类型。本次任务中，相关表数据列变量可以先全部定义成 string 类型，以保证创建数据源时不报错。完成表结构的创建后，单击【下一步】按钮。

图 3-7　创建表

（6）单击【选择文件】按钮，上传本地的 .csv 文件，单击【确定】按钮，完成数据源的创建。

（7）数据源创建完成之后，在左侧列表中显示创建完成的数据源，如图 3-8 所示。

图 3-8　创建完成的数据源

任务 3-2-3 **用 PAI-Studio 进行数据预处理**

（1）如图 3-9 所示，将创建好的数据源拖曳至画布，并在左侧列表中选择【组件】→【数据预处理】→【数据合并】→【类型转换】选项，将【类型转换 -1】拖曳至画布。并用箭头连接。

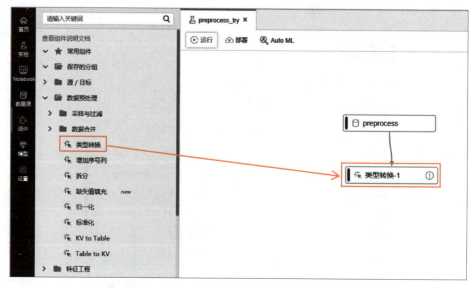

图 3-9　类型转换

（2）双击【类型转换-1】，在弹出的类型转化表单中单击【选择字段】，弹出如图3-10的表单。注意：这一步默认转换为double类型不是因为PAI-Studio无法自动识别，是确保创建的数据源不报错。

（3）选中需要转化为double类型的字段，如图3-10所示勾选的字段。在勾选完字段后，单击【确定】按钮，完成类型转化。

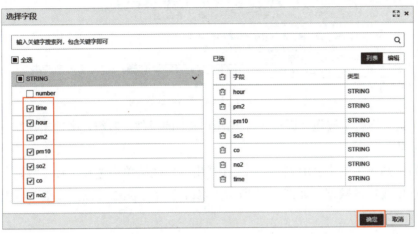

图 3-10　PAI-Studio 类型转化表单

（4）对于雾霾的检测参数，最直观的就是pm2的值，当pm2的值达到200以上时，即可认为当天发生了雾霾。因此，需要对pm2数据进行转化，选择【组件】→【工具】→【SQL脚本】选项，将【SQL脚本】拖曳到画布上，如图3-11所示。

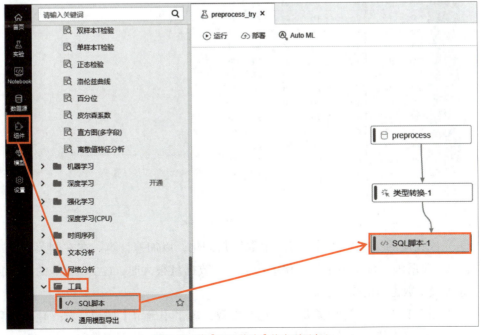

图 3-11　将【SQL 脚本】拖曳到画布上

（5）双击画布中的【SQL 脚本 -1】，对【SQL 脚本 -1】进行代码编写。这里要求对pm2 数值进行转换，当 pm2 ≥ 200 时，令 pm2=1；当 pm2 < 200 时，令输出为 0，如图 3-12 所示，其中 1~5 行为注释的填写注意事项，第 6 行的 SQL 语句说明了参数如何选取，同时约定了通过接口 1 映射。代码编写完成后，单击【保存】按钮。

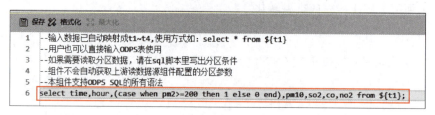

图 3-12　对 pm2 数值进行转换的代码

（6）单击【运行】按钮，即可运行当前画布上的组件。若组件旁边出现绿色对钩，则表示执行成功。

（7）右击画布中的【SQL 脚本 -1】，在弹出的快捷菜单中选择【查看数据】命令，可以看到当前修改后的数据，如图 3-13 所示。修改之后的 pm2 可以当作整个数据的特征值数据。

数据探查 - pai_temp_190311_1946533_1 - (仅显示前一百条)

序号	time	hour	_c2	pm10	so2	co	no2
1	2016...	2	0	123	18	1.8	72
2	2016...	8	0	127	25	2.3	81
3	2016...	11	0	140	27	2.5	83
4	2016...	14	0	150	30	2.6	86
5	2016...	17	0	168	32	2.8	92
6	2016...	20	0	191	34	3	97
7	2016...	23	0	207	35	3.2	101
8	2016...	1	0	222	37	3.4	104
9	2016...	10	1	249	39	3.8	107
10	2016...	19	1	287	41	4	113
11	2016...	22	1	333	41	4.2	117
12	2016...	0	1	363	41	4.2	119
13	2016...	16	0	38	4	0.4	30
14	2016...	19	0	69	6	0.5	33
15	2016...	22	0	86	8	0.7	38
16	2016...	0	0	95	9	0.8	41
17	2016...	9	0	89	13	1.1	53

图 3-13　pm2 数据转换结果

（8）完成相应的数据转换后，将其余数值归一化，以加速计算。在左侧菜单中选择【组件】→【数据预处理】→【归一化】选项。当数据量很大时，PAI-Studio 的归一化组件可以起到减小数据量的作用。

（9）如图 3-14 所示，选择需要归一化的参数，单击【确定】按钮。归一化的过程就是找出这列数的最大值 max 和最小值 min，通过下面的公式，计算得出归一化结果。

$$N = \frac{\text{当前数值} - \min}{\max - \min}$$

这样的数据处理过程可以消除单位带来的影响，也可以减少运算量。

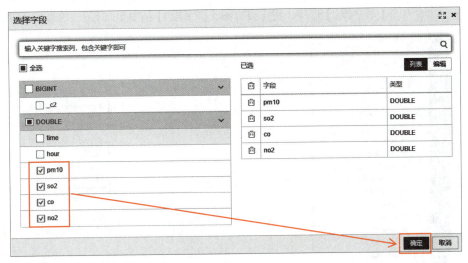

图 3-14　数据归一化表单

（10）单击【运行】按钮，完成归一化操作。右击画布上的【归一化】，在弹出的快捷菜单中选择【查看数据】→【查看输出桩】命令，在打开的图 3-15 所示的界面中可以查看归一化结果。

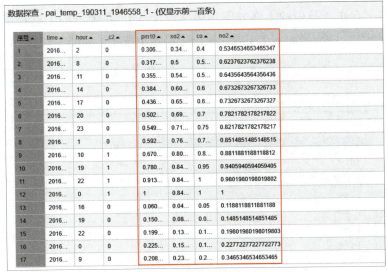

图 3-15　数据归一化结果

城市天气数据
预处理

以上任务的详细操作步骤见电子实验手册（高级）"实验 3　利用 PAI-Studio 完成城市天气数据预处理"。

用 PAI-Studio 进行数据分析及可视化

（1）完成数据预处理之后，还需要将处理过的数据可视化地显示出来。选择【组件】→【统计分析】→【直方图（多字段）】选项，将【直方图（多字段）】拖曳至画布上，如图 3-16 所示。

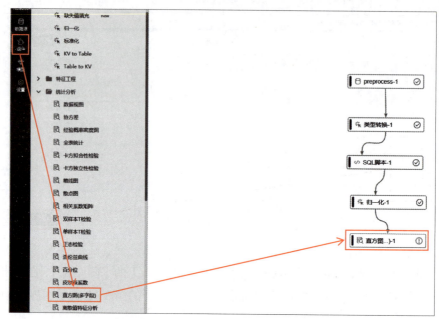

图 3-16　将【直方图（多字段）】拖曳至画布上

（2）双击画布中的【直方图（多字段）-1】，在弹出的【选择字段】对话框中选择_c2、pm10、so2、co、no2 字段，单击【确定】按钮，如图 3-17 所示。

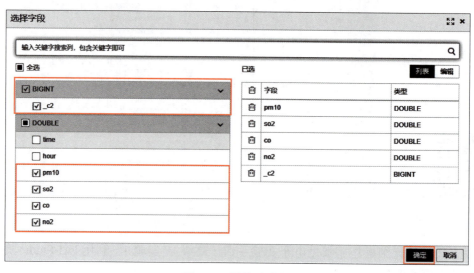

图 3-17　选择相应字段

（3）右击画布中的【直方图（多字段）-1】，在弹出的快捷菜单中选择【执行该节点】命令，开始绘制所选字段的直方图。

（4）执行完成后，右击画布中的【直方图（多字段）-1】，在弹出的快捷菜单中选择【查看分析报告】命令，显示可视化的输出结果，如图 3-18 所示。其中，每个参数绘制的图中，横坐标是归一化后的值，纵坐标是在 100 条数据中占的数据个数。在左侧列表中可以观察到不同参数的直方图结果。

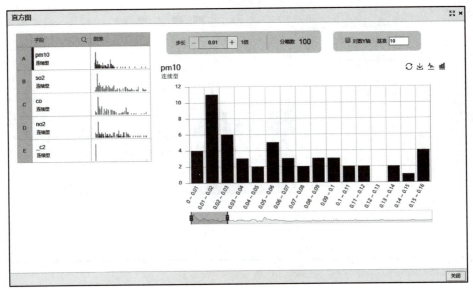

图 3-18　直方图绘制结果

（5）如果想要可视化展示更多的数据，则需要在左侧菜单中选择【组件】→【统计分析】→【数据视图】选项，将【数据视图】拖曳至画布。

（6）双击画布中的【数据视图】，单击选择特征列的【选择字段】，并勾选 pm10、so2、co、no2 字段，作为特征字段。之后，单击选择目标列的【文件夹】并勾选 _c2 字段，完成 PAI-Studio 数据视图表单选择。

（7）在数据视图特征列表单中选择 pm10、so2、co、no2 字段作为特征字段。

（8）在数据视图目标列表单中选择 _c2 字段作为目标字段，完成数据视图配置。

（9）右击画布中的【数据视图】，在弹出的快捷菜单中选择【执行该节点】命令，开始绘制所选字段的数据视图。

（10）在执行完成后，右击画布中的【数据视图】，在弹出的快捷菜单中选择【查看分析报告】命令，显示数据视图可视化的输出结果，如图 3-19 所示。其中，每个参数（特征值）绘制的图中，横坐标是每个参数的数值，纵坐标是在 100 条数据中该参数在该值下对 _c2(pm2)（目标值）产生的影响。图中蓝色代表 _c2(pm2)=0 占得个数，而绿色代表

_c2(pm2)=1 占得个数，_c2(pm)=1 占得越多，表示天气污染越严重。在左侧列表中可以观察到不同参数对 _c2(pm2) 影响的结果。

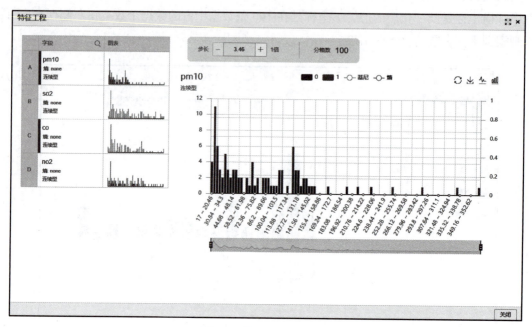

图 3-19　数据视图绘制结果

任务 3-3　使用 PAI-Studio 可视化建模工具进行模型训练

■ 任务目标

- 掌握PAI-Studio组件中数据类型变换、可视工具及统计分析的基本用法。
- 掌握PAI-Studio可视化数据展示的方法。
- 掌握PAI-Studio二分类数据模型训练、预测步骤。

■ 任务描述

本任务利用PAI-Studio完成第二个实践项目，除了进行与任务3-2相同的项目创建、数据制作、数据可视化等操作外，本任务还要利用PAI-Studio搭建二分类模型，即利用PAI-Studio进行机器学习二分类算法的实现。

■ 任务分析

阿里云PAI-Studio是用可视化的方式训练模型的，所以本任务将通过阿里云PAI-

Studio搭建二分类模型，训练10组（拥有8个特征且被分为1和–1两种类型）数据，即训练数据。基于训练数据生成二分类的模型后，再使用生成的模型对打乱的训练数据进行预测，最终得出预测结果。通过本任务，读者可以理解如何通过阿里云PAI-Studio训练二分类模型，并通过训练的模型对测试数据做出相应的预测，即利用PAI-Studio完成二分类算法的建模，并通过二分类模型预测新的测试数据。

 知识准备

机器学习中的二分类（binary classification）指的是给定某些输入特征向量 x（可能对应一张图片，或者一些表格中的特征参数），根据这些特征来识别它是什么或者将结果分成两种不同的类型，输出结果为 y，并通过二分类算法输出预测结果。二分类问题的输出结果 y 只有两种取值，通常设置为 {+1,–1} 或 {0,1}。在二分类问题中，常用正例（positive sample）和负例（negative sample）来分别表示属于类别 +1 和 –1 的样本。

二分类是假设每个样本都被设置了一个且仅有一个标签 0 或者 1。二分类问题是分类问题中最简单的一种，多分类问题也可以被分解为多个二分类问题进行求解。所以，很多算法都是针对二分类问题提出的。

任务 3-3-1　二分类模型数据源建立及类型转换

（1）参考本项目任务 3-2-1，进入 PAI-Studio 平台并完成 PAI-Studio 的二分类项目创建（其更详细的操作步骤可以参考电子实验手册（高级）中的实验 4）。

（2）完成二分类项目创建后，根据本项目任务 3-2-2 创建实验所需数据源，添加 10 列数据列，将 "id" 和 "y" 数据列的【类型】设置为【BIGINT】，将 f0、f1、f2、f3、f4、f5、f6、f7 数据列的【类型】设置为【DOUBLE】。上传表 3-1 所示的二分类训练数据，完成数据源的创建。

表 3-1　二分类训练数据

id	y	f0	f1	f2	f3	f4	f5	f6	f7
1	–1	–0.294118	0.487437	0.180328	–0.292929	–1	0.00149028	–0.53117	–0.0333333
2	+1	–0.882353	–0.145729	0.0819672	–0.414141	–1	–0.207153	–0.766866	–0.666667
3	–1	–0.0588235	0.839196	0.0491803	–1	–1	–0.305514	–0.492741	–0.633333
4	+1	–0.882353	–0.105528	0.0819672	–0.535354	–0.777778	–0.162444	–0.923997	–1
5	–1	–1	0.376884	–0.344262	–0.292929	–0.602837	0.28465	0.887276	–0.6
6	+1	–0.411765	0.165829	0.213115	–1	–1	–0.23696	–0.894962	–0.7

续表

id	y	f0	f1	f2	f3	f4	f5	f6	f7
7	−1	−0.647059	−0.21608	−0.180328	−0.353535	−0.791962	−0.0760059	−0.854825	−0.833333
8	+1	0.176471	0.155779	−1	−1	−1	0.052161	−0.952178	−0.733333
9	−1	−0.764706	0.979899	0.147541	−0.0909091	0.283688	−0.0909091	−0.931682	0.0666667
10	−1	−0.0588235	0.256281	0.57377	−1	−1	−1	−0.868488	0.1

本实验数据源有 8 个特征值，分别是 f0、f1、f2、f3、f4、f5、f6、f7，这些特征值共同决定了本条数据的 y 值，即本条数据的类别。y 值分为 +1 和 −1，即所有数据被分为两类；id 则为本实验数据的条数。

（3）数据源创建完成后，即可搭建二分类实验模型。首先参考本项目任务 3-2-3 进行数据类型转换，如图 3-20 所示，选择【类型转换】，在右侧列表中选择【转换为 int 类型的列】，因为本项目的数据并不是很多，所以将"id"和"y"数据列的类型【BIGINT】转换为【INT】。

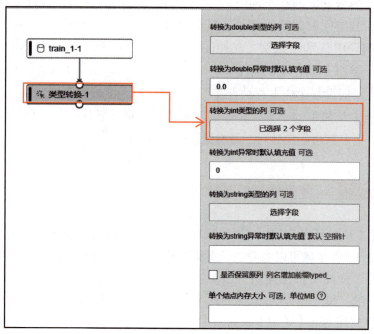

图 3-20　数据类型转换

任务 3-3-2　二分类模型类型转换后数据统计及可视化

（1）完成数据类型转换后，选择【组件】→【统计分析】→【全表统计】选项，对类型转换后的数据源进行统计。如图 3-21 所示，选择【全表统计 -1】，在右侧列表中选择【输入列】中的所有字段。其中，在创建数据源时将"id"重命名为"name"。

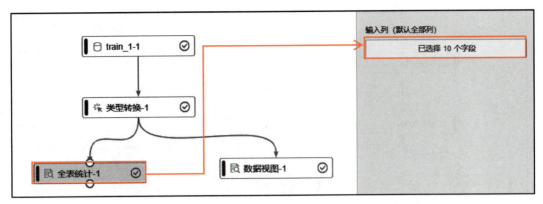

图 3-21　全表统计

单击【运行】按钮，执行 PAI-Studio 画布中的组件。运行结束后，右击画布中的【全表统计 -1】，在弹出的快捷菜单中选择【查看分析报告】命令，输出统计结果，如图 3-22 所示，其中有最小值（min）、最大值（max）、均值（mean）、方差（variance）等一系列数据的特征值。利用这些特征值可以对数据进行分析，并进一步认识数据的构成。

min ▲	max ▲	mean ▲	variance ▲	standarddeviation ▲	standarderror ▲
-1	0.17...	-0.48...	0.1697809...	0.4120448085584194	0.130300009309...
-0.2...	0.97...	0.279...	0.1622191...	0.4027644208339825	0.127365293031...
-1	0.57...	-0.01...	0.1768818...	0.4205732967285912	0.132996954070...
-1	-0.0...	-0.59...	0.1319095...	0.3631934893337725	0.114851865763...
-1	0.28...	-0.78...	0.1613974...	0.4017429790866709	0.127042284789...
-1	0.28...	-0.17...	0.1126201...	0.3355891849584929	0.106122618258...
-0.9...	0.88...	-0.63...	0.3120278...	0.5585945607478847	0.176643110054...
-1	0.1	-0.50...	0.1566542...	0.3957957676366133	0.125161611398...
1	10	5.5	9.1666666...	3.027650354097492	0.957427107756...
-1	1	-0.2	1.0666666...	1.032795558988644	0.326598632371...

图 3-22　全表统计结果

（2）完成全表统计之后，选择【组件】→【统计分析】→【数据视图】选项，为类型转换完成的数据创建数据视图，可视化地呈现 8 种不同特征对 y 值的影响。如图 3-23 所示，选择【数据视图 -1】，在右侧列表中的【选择特征列】选择 8 个特征字段；在【选择目标列】中选择 result 字段，作为被特征影响的目标字段。

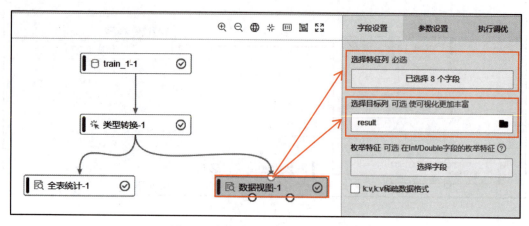

图 3-23　为数据视图选择特征列和目标列

（3）单击【运行】按钮，执行 PAI-Studio 画布中的组件。运行结束后，右击画布中的【数据视图 -1】，在弹出的快捷菜单中，选择【查看分析报告】命令，可视化输出数据特征 f1、f2、f3、f4、f5、f6、f7、f8 对 result 字段的影响，即某个数据特征出现的越多，其对输出的结果影响越大，结果如图 3-24 所示。

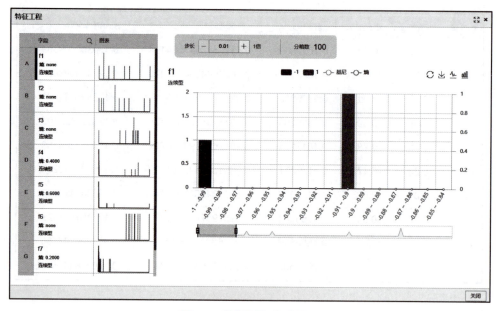

图 3-24　数据视图可视化结果

任务 3-3-3　搭建二分类模型训练部分

（1）选择【组件】→【数据合并】→【拆分】选项，为二分类模型创建训练数据。如图 3-25 所示，选择【拆分】，将右侧列表中的【切分比例】更改为 0.9，其含义是将实验数据随机分割为两份，一份占 90%，另一份占 10%。其中，90% 的数据用来训练，10% 的数据用来验证训练后的模型。

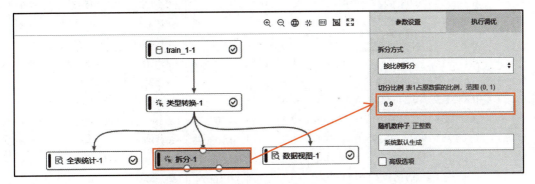

图 3-25　设置切分比例

（2）完成拆分之后，选择【组件】→【机器学习】→【二分类】→【逻辑回归二分类】选项，搭建二分类模型主体。如图 3-26 所示，选择【逻辑回归二分类】，在右侧列表的【训练特征列】中选择 8 个字段，在【目标列】中选择 result 字段。其含义是以目标列为训练目标，对特征值进行训练，最终得出与目标列结果相同的数据即完成训练。

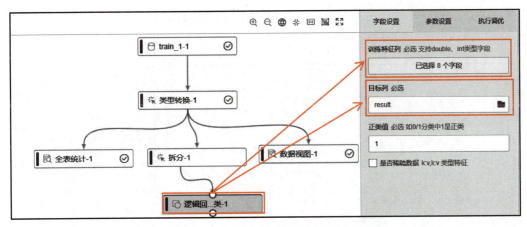

图 3-26　设置训练特征列和目标列

（3）完成逻辑回归二分类模型搭建之后，需要对训练后的模型进行预测和评估，直观地查看模型的优劣。因此，模型搭建好后的下一步是预测模型输出的结果，预测模型需要预测数据，也称验证数据。本实验的验证数据选取与输入集类型相同的数据集，即 10 组拥有 8 个特征且被分为"1"和"–1"两种类型的数据。根据本项目任务 3-3-1 继续创建二分类验证数据表，如表 3-2 所示。

表 3-2　二分类验证数据

id	y	f0	f1	f2	f3	f4	f5	f6	f7
1	+1	−0.882353	0.0854271	0.442623	−0.616162	−1	−0.19225	−0.725021	−0.9
2	+1	−0.294118	−0.0351759	−1	−1	−1	−0.293592	−0.904355	−0.766667
3	+1	−0.882353	0.246231	0.213115	−0.272727	−1	−0.171386	−0.981213	−0.7
4	−1	−0.176471	0.507538	0.278689	−0.414141	−0.702128	0.0491804	−0.475662	0.1
5	−1	−0.529412	0.839196	−1	−1	−1	−0.153502	−0.885568	−0.5
6	+1	−0.882353	0.246231	−0.0163934	−0.353535	−1	0.0670641	−0.627669	−1
7	−1	−0.882353	0.819095	0.278689	−0.151515	−0.307329	0.19225	0.00768574	−0.966667
8	+1	−0.882353	−0.0753769	0.0163934	−0.494949	−0.903073	−0.418778	−0.654996	−0.866667
9	+1	−1	0.527638	0.344262	−0.212121	−0.356974	0.23696	−0.836038	−0.8
10	+1	−0.882353	0.115578	0.0163934	−0.737374	−0.56974	−0.28465	−0.948762	−0.933333

任务 3-3-4　搭建二分类模型预测部分

（1）完成二分类验证数据表之后，需要添加预测组件对验证集进行预测。选择【组件】→【机器学习】→【预测】选项，预测训练完成的二分类模型。如图 3-27 所示，选择【预测】，在右侧列表的【特征列】中选择 8 个字段，在【原样输出列】中选择 9 个字段。其含义是以特征列为预测数据，将训练好的二分类模型参数按照原样输出列得出 result 预测结果。

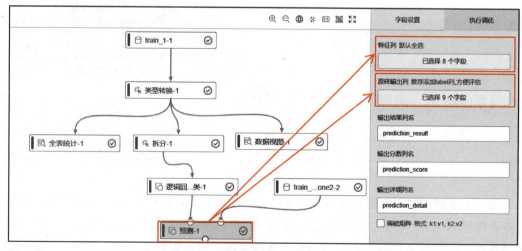

图 3-27　二分类预测

（2）单击【运行】按钮，执行 PAI-Studio 画布中的组件。运行结束后，右击画布中的【预测】选项，在弹出的快捷菜单中选择【查看数据】命令，输出预测数据表对应的预测结果 prediction_result，并与 result 字段进行对比，结果如图 3-28 所示。

序号 ▲	name ▲	result ▲	f1 ▲	f2 ▲	f3 ▲	f4 ▲	f5 ▲	f6 ▲	f7 ▲	f8 ▲	prediction_result ▲
1	1	1	-0....	0.0...	0.4...	-0....	-1	-0....	-0....	-0.9	1
2	2	1	-0....	-0....	-1	-0....	-1	-0....	-0....	-0....	1
3	3	1	-0....	0.2...	0.2...	-0....	-1	-0....	-0....	-0.7	1
4	4	-1	-0....	0.5...	0.2...	-0....	0.0...	-0....	-0....	0.1	-1
5	5	-1	-0....	0.8...	-1	-1	-1	-0....	-0....	-0.5	1
6	6	1	-0....	0.2...	-0....	-0....	0.0...	-0....	-0....	-1	1
7	7	-1	-0....	0.8...	-0....	-0....	0.1...	0.0...	-0....	-0....	1
8	8	1	-0....	-0....	0.0...	-0....	-1	-0....	-0....	-0....	1
9	9	1	-1	0.5...	0.3...	-0....	-0....	0.2...	-0....	-0.8	1
10	10	1	-0....	0.1...	0.0...	-0....	-1	-0....	-0....	-0....	1

图 3-28　二分类预测结果

由图 3-28 可以看出，prediction_result 为预测结果，result 为原始结果。其中，在 10 条数据中判断正确 8 条，判断错误 2 条，其可能原因为训练次数偏低或训练数据量偏少。但是，通过本任务仍然可以得出，在 10 条训练数据 100 轮的训练下，二分类模型的分类结果正确率为 80% 左右，结果比较令人满意。

任务 3-3-5　搭建二分类模型评估部分

（1）完成预测后，需要对创建的二分类模型进行评估，以更加直观地看出模型的优劣、是否需要进一步更改等问题。选择【组件】→【评估】→【二分类评估】选项，对训练后的二分类模型进行评估。如图 3-29 所示，选择【二分类评估】，在右侧列表中选择【原始标签列列名】中的 result 字段。其含义是评估原始标签与预测标签之间的差距，并得出评估结果。

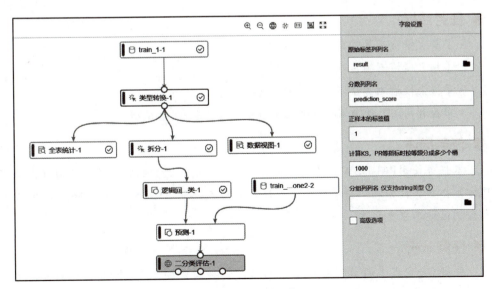

图 3-29　二分类评估

（2）图 3-30 所示是本次二分类实验训练模型的评估结果，其中 ROC 为受试者工作特征曲线。其横轴是假正例率，纵轴是真正例率，呈现为阶梯型上升的曲线。

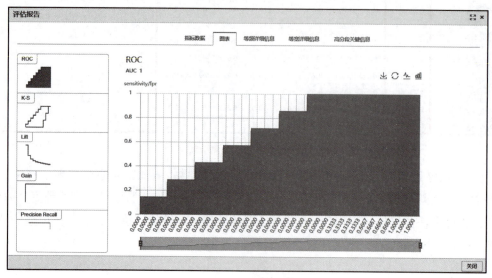

图 3-30　二分类评估结果

以上任务的详细操作步骤见电子实验手册（高级）"实验 4　利用 PAI-Studio 完成二分类实现"。

任务 3-4　使用 PAI-DSW 建模工具进行火情检测算法模型开发

■ 任务目标
- 了解火情检测算法所需数据的要求。
- 掌握火情检测项目代码环境的配置。
- 掌握火情检测算法所需函数库的添加。
- 掌握利用PAI-DSW训练和测试ResNet+Softmax网络模型。

■ 任务描述
本任务使用PAI-DSW工具完成火情检测实验创建及数据源制作，并通过代码实现方式搭建火情检测二分类模型。本任务的重点是利用ResNet+Softmax网络完成火情检测模型二分类算法。

■ 任务分析
任务3-3完成了利用阿里云PAI-Studio搭建逻辑回归二分类模型，并通过训练、预测实现对未训练数据进行二分类的学习。本任务将通过阿里云PAI-DSW平台，采用ResNet18网络和Softmax算法，从数据集准备、算法框架设计、实验环境搭建、实验代码运行、结果优化五个方面完成二分类算法的建模，对输入的图片识别出有火和无火两种状态，当识别到烟火信号时发出警告信息，实现对社区火情模拟场景的二分类算法应用，使读者更好地理解二分类模型的原理和应用场景。

知识准备

1. PyTorch框架概述

本任务的目标是识别一幅图片有没有火焰烟雾，即训练一个分类器，输入一幅图片，用特征向量 x 表示；输出有没有火焰烟雾，用 y=0 或 1 表示。火焰烟雾检测的本质也是一个二分类问题。

本任务采用 PyTorch 框架，PyTorch 是由 Facebook 开发的开源机器学习平台。PyTorch 与 Torch 的不同之处在于 PyTorch 使用了 Python 作为开发语言，是一个以 Python 为基础的深度学习框架。PyTorch 中自带几种常用的深度学习网络预训练模型，torchvision.models 包中包含 alexnet、densenet、inception、resnet、squeezenet、vgg 等常用网络结构，并且提供了预训练模型，可通过调用来读取网络结构和预训练模型（模型参数）。因此，PyTorch 既可以看作是加入了 GPU 支持的 numpy，同时也可以看作是一个拥有自动求导功能的强大的深度神经网络。

下面将介绍与本任务相关的重要名词：Tensor、Variable、Parameter。

1）Tensor

PyTorch 中的计算大部分是基于 Tensor 的，Tensor 是 PyTorch 中的基本计算单元，即 PyTorch 都是由 Tensor（Tensor 是一个多维矩阵）计算的。Tensor 中的参数都是 Variable 的形式。如果用 Variable 计算，则返回的也是一个同类型的 Variable。这正好就符合反向传播参数更新的属性。另外，Tensor 不能反向传播，Variable 可以反向传播。

2）Variable

Variable 是自动求导机制的核心组件，因为其不仅保存变量的值，还保存变量是由网络结构中哪一层产生的。这在反向传导的过程中十分重要。Variable 的前向过程的计算包括两个部分，一是其值的计算（Tensor 的计算）；二是 Variable 标签的计算。Variable 实质上是可以变化的变量，在 PyTorch 中的 Variable 就是一个存放变化值的变量，其中的值会不停地发生变化，即 Tensor 在不断地变化。

为了兼顾灵活性和便利性，在建立模型过程中，往往有两种层，一种是全连接层、卷积层等，当中有 Variable；另一种是 Pooling 层、Relu 层，当中没有 Variable。

如果所有的层都用 nn.functional 来定义，那么所有的 Variable，如 weights、bias 等，都需要用户手动定义，非常不方便；而如果所有的层都用 nn 来定义，那么即便是简单的计算也需要建类来做，而这些其实可以用更为简单的函数来代替。

3）Parameter

Parameter 类是 Variable 的一个子集，PyTorch 给出该类的定义是为了在 Module 中添加模型参数更加方便。在 PyTorch 中，对于一般的序列模型，直接使用 torch.nn.Sequential 类即可实现，这点类似于 Keras；但是，面对复杂的模型时，如多输入多输出、多分支模型、跨层连接模型、带有自定义层的模型等，就需要用户自己来定义模型。

和 TensorFlow、Keras 等框架一样，PyTorch 框架下集成了一些常用的神经网络模型，如卷积神经网络、循环神经网络、全连接神经网络等，可以很方便地调用这些模型解决问题。但是，当需要尝试用一些新的模型结构来解决问题时，这些框架内置的模型就无法完成了，这时需要在 PyTorch 框架下自定义层和模型。

使用 Module 类自定义层的代码如下：

```
class Net(nn.Module):
  def__init__(self, model):
    super(Net, self).__init__()
    self.resnet_layer = nn.Sequential(*list(model.children())[:-1])
    self.Linear_layer = nn.Linear(512, 2)
  def forward(self, x):
    x = self.resnet_layer(x)
    x = x.view(x.size(0), -1)
    x = self.Linear_layer(x)
    return x
```

为了使用 torch.optim，需要构建一个 optimizer 对象，该对象能够保持当前参数状态并基于计算得到的梯度进行参数更新。

2. ResNet18网络和Softmax函数

ResNet 网络参考了 VGG 19，在 VGG 19 的基础上进行了修改，并通过残差学习机制加入了残差单元。不同深度的 ResNet 的结构有很大差别，本实验采用 ResNet18 网络结构。

在机器学习尤其是深度学习中，Softmax 是一个非常常用而且比较重要的函数，尤其在多分类的场景中使用广泛。Softmax 把一些输入映射为 0~1 的实数，并且进行归一化，保证和为 1，因此多分类的概率之和也为 1。Softmax 回归是有监督学习算法，它也可以与深度学习或无监督学习方法结合使用。

Softmax 由两个单词组成，即 max 和 soft。如果将 max 看成一个分类问题，即

"非黑即白"，那么最后的输出是一个确定的变量。但更多的时候希望输出的是取到某个分类的概率，或者说，希望分值大的那一项被经常取到，而分值较小的那一项也有一定的概率偶尔被取到，所以就应用到了 soft 的概念，即最后的输出是每个分类被取到的概率。

3. 模型训练和评估

机器学习的神经网络模型的构建方法分为两类，一类是监督学习，另一类是无监督学习。对于监督学习，由于所给的任何一个样本的类别是事先已经知道的，因此样本在空间分布的依据就不仅是自然倾向，而且是要根据所属同一类别的样本在空间的分布或者所属不同类别之间的分离的稀疏程度找到一个合适的分类边界。这样一来，不同类别的样本就会分别位于不同的区域内。这项工作需要一个长时间且复杂的学习过程，在学习过程中要不断调整划分样本空间的分类边界的位置，尽量提高分类的准确度，尽可能少地将样本划分到非同类区域中。

神经网络在本质上是一种输入到输出的映射，通过学习大量的输入与输出之间的映射关系，最后输出图像类别特征的一个特征向量。神经网络不需要任何输入和输出之间的明确的数学表达式或者非线性函数，只要用事先准备好的模式对神经网络加以训练，通过前向传播或者后向传播最终计算出权值即可。

训练算法主要包括四步，这四步被分为以下两个阶段。

1）前向传播阶段

（1）从数据集中取出一个数据，将其输入网络中。

（2）计算相应的实际输出向量。

前向传播阶段主要实现的功能是将信息从输入层经过一系列的逐层变换最终输出到输出层中，该过程其实也是网络在完成模型训练后正常运行时执行的过程。在此过程中，网络执行的逐层变换就是一系列的非线性计算，即将上一层映射的向量传递到下一层，最终到达输出层。

2）后向传播阶段

（1）计算实际输出向量与相应的理想输出向量的差值。

（2）按照极小值误差的方法反向传播调整权值矩阵。

在做分类任务时，不能盲目地仅仅对图片进行识别，还要有一项标准，如做得怎么样、该模型是否合适、还能否继续改进优化。因此，对分类效果没有提出明确的评判指标或预期目标，在调试参数时也比较随意是不可行的，需要相关评价指标来作为参数调试的依据。

针对烟雾检测分类，标准可以定为图片是否分类正确等。在深度学习中有特定的评判术语，而且根据深度学习的任务不同，评价标准也不同，本项目主要采用准确率进行评估。

如何保存和恢复训练的模型是模型训练中的重要一步，如果深层神经网络模型的复杂度非常高，那么训练它可能需要相当长的一段时间，当然这也取决于拥有的数据量、运行模型的硬件等。在大多数情况下，需要通过保存文件来保障实验的稳定性，以便中断（或一个错误）时可以继续从没有中断（或错误）的地方开始。更重要的是，对于任何深度学习框架，如 TensorFlow，在成功训练之后，需要重新使用模型的学习参数来完成对新数据的预测。模型保存方法有两种：基本方法和不需重新定义网络结构的方法，基本方法就是调用 Python 函数保存以及载入。

4. 模型优化

1）构建优化器

构建 optimizer 时，需要给其一个包含了需要优化的参数（必须都是 Variable 对象）的 iterable，并设置 optimizer 的参数选项，如学习率、权重衰减等。

```
# lr 为学习率, momentum 为动量, weight_decay 为权重衰减
optimizer = torch.optim.SGD(model.parameters(), lr=0.001, momentum=0.9,
weight_decay=5e-4)
```

2）进行单次优化

```
optimizer.step()
```

所有的 optimizer 都实现了 step() 方法，该方法会更新所有参数。这是大多数 optimizer 支持的简化版本。一旦梯度被如 backward() 等函数计算好后，即可调用 zero_grad() 函数。

```
optimizer.zero_grad()
```

在反向传播之前需要将优化器中的梯度值清零，因为在默认情况下反向传播的梯度值会进行累加。

按照梯度值与优化器的定义改变网络参数值，使其朝着输出更好结果的方向改变。

```
model.parameters()
```

我们可以通过 Module.parameters() 获取网络的参数，而 model.parameters() 的作用就是输出每一次迭代元素的参数。

任务 3-4-1 准备数据集并搭建实验环境

1. 准备数据集

本任务数据集包含有火的图片和正常图片，当读取数据集时从同一文件夹下的分隔符"-"将有火和正常图片识别出来。有火的数据集标签设定为 fire-(1).jpg，如图 3-31 所示；

正常图片的数据集标签设定为 normal-(2).jpg，如图 3-32 所示。

图 3-31　有火的图片标签示例　　　　　　图 3-32　正常图片标签示例

在进行训练时，因为有的图片是四通道，有的图片是三通道，所以在读取数据集时很可能会报错，报错结果如图 3-33 所示。

```
RuntimeError: The size of tensor a (4) must match the size of tensor b (3) at non-singleton dimension 0
```

图 3-33　报错结果

其解决方法一般是将四通道改成三通道，具体代码如下。

```
data = Image.open(img_path).convert('RGB')
```

本实验将数据集划分为训练集和验证集，比例是 7∶3。

2. 实验环境准备

本实验需要在 PAI-DSW 中编写代码，因此需要配置相应的代码包。下面从训练环境和测试环境两个方面详细讲解导入的代码包。

1）训练环境搭建

（1）导入训练环境包代码如下。

```
from torchvision.models.resnet import resnet18
import os
import random
from PIL import Image
import torch.utils.data as data
import numpy as np
import torchvision.transforms as transforms
import torch
import torch.nn as nn
import torch.optim as optim
from torch.autograd import Variable
from torch.optim.lr_scheduler import*
import torchvision.transforms as transforms
```

（2）环境包介绍。

① from torchvision.models.resnet import resnet18：利用 PyTorch 提供的 resnet18 接口，为了加快学习进度，训练初期直接加载 pretrain 模型中预先训练好的参数。

② import os：操作系统的调用和操作。

③ import random：随机模块的调用和操作。

④ from PIL import Image：Image 类是 PIL 中的核心类，可用很多种方式对其进行初始化，如从文件中加载一张图像、处理其他形式的图像，或者是创造一张图像等。Image 模块操作的基本方法都包含于此模块内，如 open、show、save、size 等方法。

⑤ import numpy as np：用来存储和处理大型多维矩阵，比 Python 自身的列表结构高效。尽管 Python 的 list 类型已经提供了类似于矩阵的表示形式，但是 NumPy 提供了更多的科学计算函数。

⑥ import torchvision.transforms as transforms：transforms 模块提供了一般的图像转换操作类。

⑦ import torch.nn as nn：torch.nn 非常重要，是用 PyTorch 搭建神经网络的关键模块。PyTorch 中的一切自定义操作都是通过继承 nn.Module 类来实现的。

⑧ import torch.optim as optim：torch.optim 主要包含用来更新参数的优化算法，如 SGD、AdaGrad、RMSProp、Adam 等。

⑨ from torch.autograd import Variable：autograd（自动微分）包是 PyTorch 中神经网络的核心。它可以为基于 Tensor 的所有操作提供自动微分功能，这是一个逐个运行的框架，意味着反向传播根据代码来运行，并且每一次的迭代运行都可能不同。autograd. Variable 是包的核心类，其包含了张量，并且支持绝大多数的操作。一旦完成了计算，就可以调用 .backward() 来自动计算所有的梯度。还可以通过 .data 属性访问原始张量，而关于该 variable（变量）的梯度会被累积到 .grad 中。

⑩ from torch.optim.lr_scheduler import *：torch.optim.lr_scheduler 模块提供了一些根据 epoch 训练次数来调整学习率（learningrate）的方法。一般情况下，为了达到更好的训练效果，可以使用随着 epoch 增大而逐渐减小学习率的方法。

2）测试环境搭建

（1）导入测试环境包代码如下。

```
import torch
import cv2
import torch.nn.functional as F
from main import Net
from torchvision import datasets, transforms
from PIL import Image
```

```
import shutil
import os
```

（2）环境包介绍。

① import cv2：cv2 是 OpenCV 官方的一个扩展库，其中含有各种有用的函数以及进程。它是一个开源的跨平台计算机视觉库。

使用函数 cv2.imread() 读入一幅图片。

使用函数 cv2.imshow() 显示图像。

颜色空间转换，转换为彩色图像，代码如下。

```
img = Image.fromarray(cv2.cvtColor(img, cv2.COLOR_BGR2RGB))
```

② import torch.nn.functional as F：为了兼顾灵活性和便利性，在定义网络时，如果层内有 Variable，那么用 nn 定义；反之，则用 nn.functional 定义。

③ import shutil：Pythonshutil 模块主要用于复制文件。

任务 3-4-2　PAI-DSW 交互式建模实现 ResNet+Softmax 分类

1. 训练集上传及训练模块代码实现

1）数据集上传

（1）打开 PAI 平台的控制台之后，选择【交互式建模 DSW】→【创建实例】选项，创建实验环境。

（2）进入实例创建界面，在【实例名称】文本框中填写当前实验的环境名称，选择默认的配置即可。完成后单击【确认订单】按钮，完成实例的创建。

（3）完成实例创建之后，等待几分钟，阿里云平台将会自动完成实验环境的搭建。完成实验环境搭建之后，单击【打开】按钮，打开 PAI-DSW 交互建模实验环境。

（4）在开始训练之前，需要先上传数据集。进入 PAI-DSW 交互式建模界面，单击【新建文件夹】按钮，将其命名为 Dataset，也可以自定义为其他名字，如图 3-34 所示。

（5）单击【上传】按钮，上传数据集压缩包到新建的 Dataset 文件夹中。

（6）返回到图 3-35 所示界面，单击【Terminal】按钮，进入终端模式。

（7）在命令行中输入 cd Dataset，按 Enter 键，进入 Dataset 文件夹，其中的文件是刚刚上传的数据集压缩包，如图 3-36 所示。

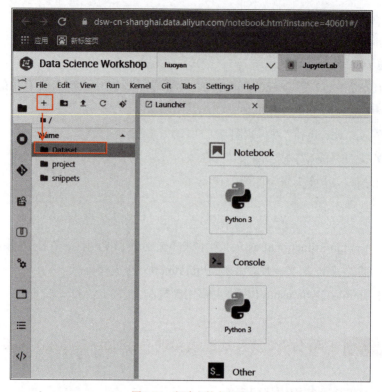

图 3-34　新建文件夹界面

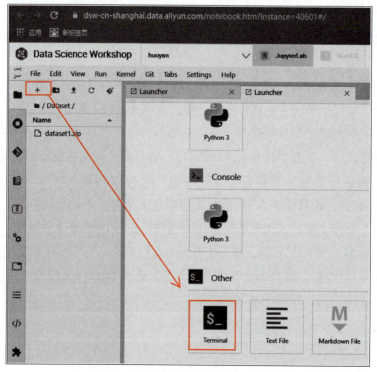

图 3-35　使用终端界面

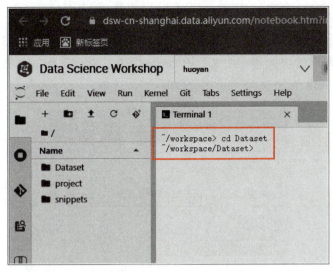

图 3-36　数据集文件夹目录界面

（8）在命令行中继续输入 unzip dataset1.zip ，解压缩数据集。

（9）数据集上传完之后，如果在界面右侧看到解压好的文件，则表示解压成功，如图 3-37 所示。

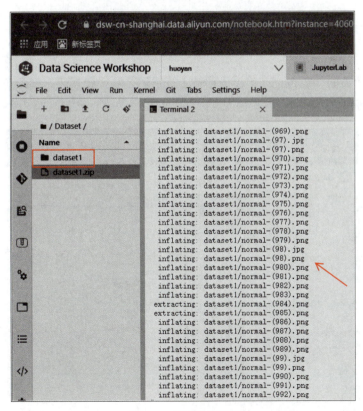

图 3-37　解压成功界面

2）训练模块代码实现

（1）在 jupyter-notebook 中创建一个新 Python 3 文件，在左侧文件目录中找到新建的文件并右击，在弹出的快捷菜单中选择 Rename 命令，更改文件的名称为实验名称 fire_train.ipynb，如图 3-38 所示。

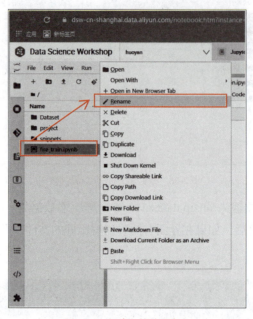

图 3-38　新建文件并重命名

（2）加载所需的环境包，并单击【运行】按钮运行环境包代码，如图 3-39 所示。如果运行环境中没有包，则在命令行中输入"pip install 包名"进行安装，如"pip install numpy"。

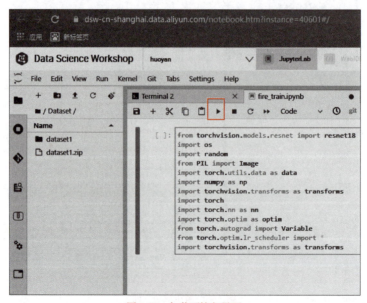

图 3-39　加载环境包界面

（3）上传训练模块代码，并单击 ▶ 按钮，如图 3-40 所示。

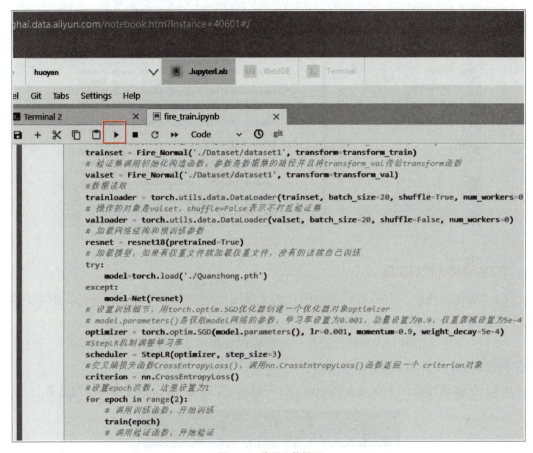

图 3-40　代码上传界面

（4）在训练之前，本实验程序会自动在 PyTorch 官网下载预训练的权重文件进行初始化，如图 3-41 所示。

图 3-41　在 PyTorch 官网下载预训练的权重文件

（5）训练结果界面如图 3-42 所示，可以看到刚开始训练准确率比较低，因为这里设置的 epoch 是 1。为了提高准确率，可以多次训练，最终结果准确率可以达到 90% 以上。每训练一次，Dataset 文件夹里的 weight.pth 都会更新。

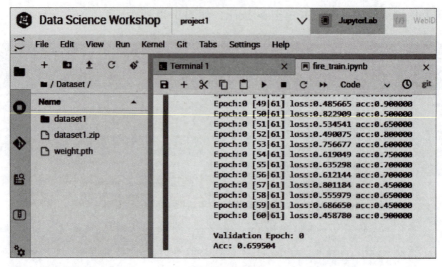

图 3-42　训练结果界面

2. 预测模块代码实现

（1）新建文件夹，上传要预测的图片的文件压缩包，命名为 Detect_imgs。其解压缩操作同数据集上传操作一样。

（2）为了更加了解 PAI 平台的操作，预测模块采用终端 Terminal 模式实现，上传相应的训练 train.py 文件和 detect.py 文件。

（3）在命令行输入 python detect.py（图 3-43），按 Enter 键，即可得到预测结果。

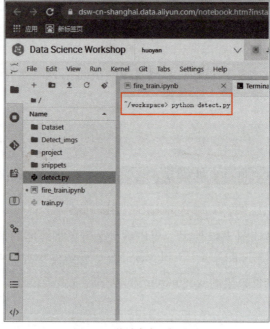

图 3-43　终端命令运行界面

（4）预测结果如图 3-44 所示，可以看到输出为 normal 或 fire 分别对应无火或有火的两种分类。

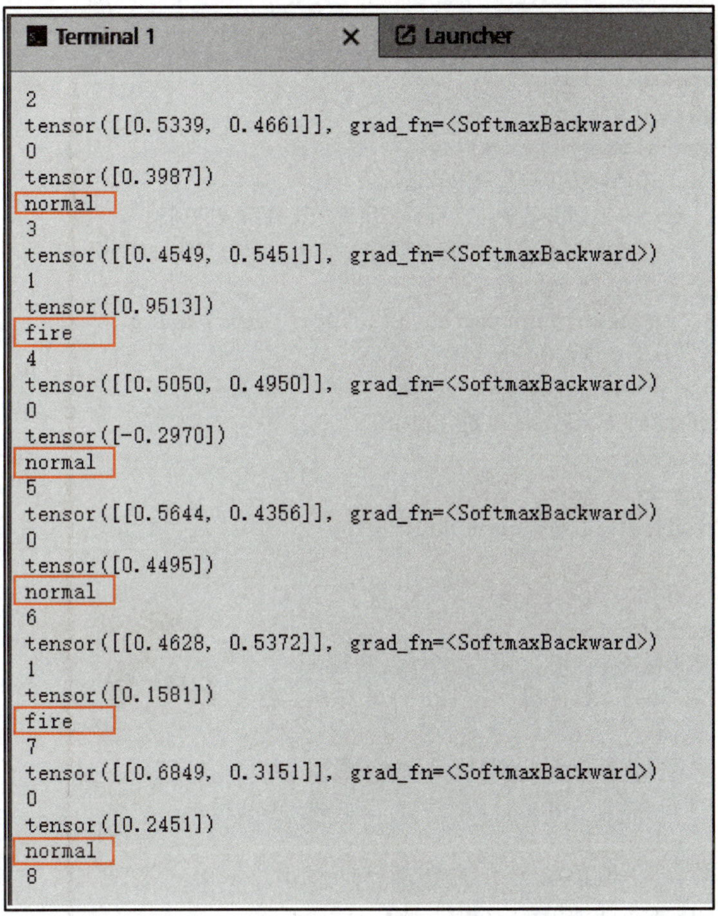

图 3-44 预测结果

注意：

（1）预测的图片即使不使用标签处理，也可以用来进行预测。

（2）由实验结果可以看到输出的张量及标签。

（3）本实验并没有将分类结果保存在不同的文件夹，读者可以自己尝试将结果保存在不同的文件夹里。

任务 3-4-3 代码实现及重难点分析

（1）以下代码块用于定义训练集、测试集及标签设置。

```
# 创建一个识别火焰的类，并且继承 data.Dataset，可以理解为数据集是 data.Dataset 的子类
class Fire_Normal(data.Dataset):
```

```python
# 初始化构造函数
def __init__(self, root, transform=None, train=True, test=False):
    # 初始化 test
    self.test = test
    # 初始化 train
    self.train = train
    # 初始化 transform
    self.transform = transform
    # 使用 for 循环遍历可迭代对象构造列表
    # os.listdir 返回参数制定的目录下所有的文件组成的列表
    # os.path.join(root, img) 将两个字符串组合为文件目录的形式
    preimg = os.listdir(root)
    imgs = [os.path.join(root, img) for imginpreimg ]
    # imgs 图片的数量大小
    imgs_num = len(imgs)
    # 如果进行测试，则将 imgs 进行初始化
    if self.test:
        self.imgs = imgs
    # 如果不进行测试，则将 imgs 进行随机排序
    else:
        random.shuffle(imgs)
        if self.train:
            # 如果是进行训练，则使用前 70% 的数据
            self.imgs = imgs[:int(0.7 * imgs_num)]
        else:
            # 如果是进行验证，则使用后 30% 的数据
            self.imgs = imgs[int(0.7 * imgs_num):]

# 作为迭代器必须有的方法
def __getitem__(self, index):
    """
    一次返回一张图片的数据
    """
    img_path = self.imgs[index]
    # 如果是测试，则将图片路径中的数字标识作为 label
    if self.test:
        label = int(self.imgs[index].split('.')[-2].split('/')[-1])
    # 如果是训练，则依据图片路径来设定 label，有火为 1，没有火为 0
    else:
        label=1 if img_path.split('-')[-2].split('\\')[-1]=='fire' else 0
    # 打开该路径获得数据
    data = Image.open(img_path)
    # 对图片数据进行 transform
    data = self.transform(data)
    # 得到统一的图片信息和 label 信息
    return data, label
```

- def_ _init_ _(self, root, transform=None, train=True, test=False)

初始化构造函数，参数说明如下。

root：数据集。

train：True = 训练集 , False = 测试集。

transform：接收 PIL 映像并返回转换版本的函数 / 变换。

test：判断是否进行模型测试。

- label=1 if img_path.split('-')[-2].split('\\')[-1]=='fire' else 0

Python 中有 split() 和 os.path.split() 两个函数，具体作用如下。

split()：拆分字符串。通过指定分隔符对字符串进行切片，并返回分隔后的字符串列表（list）。

os.path.split()：按照路径将文件名和路径分割开。

split('-')[-2] 表示以"/"为分隔符，"-2"表示返回倒数第二个字符串。

（2）以下代码块用于定义模型评估，构建准确率函数。

```
# 对数据集训练集的处理，创建准确率函数
def get_acc(output, label):
  # shape[0] 表示 tensor 第 0 维维度，即一个 batch
  total = output.shape[0]
  # 判断预测的标签是什么（每张图片输出两个数，哪个数大就对应哪类）
  _, pred_label = output.max(1)
  # 正确的标签个数，预测的标签与真实标签相等
  num_correct = (pred_label == label).sum().item()
  # 用 num_correct / total 的形式，即正确的标签个数与总个数之比，返回准确率
  return num_correct / total
```

- total = output.shape[0]

本例 tensor 实例如下：[2.1663, −0.4750]，一共有 20 行，所以第 0 维维度为 20，以此类推有 2 列，所以第 1 维维度为 2。

- _, pred_label = output.max(1)

该语句用来确定判断预测的标签的输出值，其中下划线"_"表示输出的最大值，output.max() 函数会返回两个值，一个是具体的数值"value"；另一个是代表预测的类别"pred_label"。

- num_correct = (pred_label == label).sum().item()

num_correct 表示正确的标签个数，即预测的标签与真实标签相等的个数。如果这里的 pred_label 是列表形式就会报错，如果是 numpy 的数组格式会返回一个值；如果是 tensor 形式就会返回一个张量，.sum() 返回总和，.item() 用于取出 tensor 中的值，将标量 tensor 转化为 Python 数字输出。

（3）以下代码块用于创建训练函数，是模型训练的入口。

```
def train(epoch):
  # 输出表示训练的次数
  print('\ntrainEpoch: %d' % epoch)
  # 模型训练
  model.train()
# 初始化准确率为 0
  train_acc= 0.0
  #enumerate() 用于可迭代 \ 可遍历的数据对象组合为一个索引序列，同时列出数据和数据下标
  for batch_idx, (img, label) in enumerate(trainloader):
    # 将 img 转化为 Variable
    image = Variable(img)
    # 将 label 转化为 Variable
    label = Variable(label)
    # 将梯度归零
    optimizer.zero_grad()
    # 将图片加载到模型中并输出
    out = model(image)
    # print('out:{}'.format(out))
    # print(out.shape)
    # print('label:{}'.format(label))
    # 设置交叉熵损失函数，两个参数分别是每次输出值和标签
    loss = criterion(out, label)
    # 反向传播计算得到每个参数的梯度值（loss.backward()）
    loss.backward()
    # 通过梯度下降执行一步参数更新
    optimizer.step()
    # 调整学习率
    scheduler.step()
    # 调用准确率函数，计算准确率
    train_acc = get_acc(out, label)
    # 输出训练的相关信息，包括 epoch、枚举结果、损失函数以及准确率
    print("Epoch:%d [%d|%d] loss:%f acc:%f" % (epoch, batch_idx,
len(trainloader),loss.mean(), train_acc))
```

- for batch_idx, (img, label) in enumerate(trainloader)

  enumerate(trainloader) 可写成 enumerate(trainloader,0)，其中 0 表示索引从 0 开始；假如为 1，则索引就从 1 开始。enumerate(trainloader) 一般用在 for 循环中，默认从 0 开始。batch_idx 表示索引，(img, label) 表示数据，其中 img 表示图像数据 (tensor 类型)，label 表示标签 (tensor 类型)。

（4）以下代码块用于创建验证函数，是模型验证的入口。

```
# 创建验证函数，参数是 epoch
def val(epoch):
```

```
print("\nValidation Epoch: %d" % epoch)
# 模型验证
model.eval()
# 初始化总数为 0
total = 0
# 初始化正确个数为 0
correct = 0
# torch.no_grad() 是一个上下文管理器，模型运算时可以释放显存（记录梯度信息）
with torch.no_grad():
    # 枚举，列出数据及数据下标
    for batch_idx, (img, label) in enumerate(valloader):
        # 将 img 转化为 Variable
        image = Variable(img)
        # 将 label 转化为 Variable
        label = Variable(label)
        # 将图片加载到模型中，并输出
        out = model(image)
        # 判断预测的标签是什么（每张图片输出两个数，哪个数大就对应哪类）
        _, predicted = torch.max(out.data, 1)
        # 计算图片数据总数
        total += image.size(0)
        # 计算预测正确数
        correct += predicted.data.eq(label.data).cpu().sum()
    # PyTorch 张量的 .item() 和 .numpy()，进行类型转换，correct 的 tensor 类型转换为
ndarray 类型
    print("Acc: %f " % ((1.0 * correct.numpy()) / total))
```

• total += image.size(0)

size() 用来计算数组和矩阵中所有元素的个数。

（5）以下代码块用于创建网络，可以定义 ResNet18 网络模型中的层。

```
# 创建网络类，继承 nn.Module 类
class Net(nn.Module):
    def __init__(self, model):
        # nn.Module 的子类函数必须在构造函数中执行父类的构造函数
        super(Net, self).__init__()
        # 将 nn 的层连接起来，使用 nn.module 的 model.children() 函数重新定义自己 model 的层
        self.resnet_layer = nn.Sequential(*list(model.children())[:-1])
        # 加上一层参数修改好的全连接层
        # 在这里实现层之间的连接关系，其实就是前向传播
        # 只要在 nn.Module 的子类中定义了 forward 函数，backward 函数就会被自动实现（利
用 Autograd）
        self.Linear_layer = nn.Linear(512, 2)

    def forward(self, x):
        # 卷积层
```

```
x = self.resnet_layer(x)
# view()函数用来改变 tensor 的形状，用来转换 size 大小，如将 2 行 3 列的 tensor 变为
1 行 6 列
x = x.view(x.size(0), -1)
# 全连接层
x = self.Linear_layer(x)
return x
```

- self.resnet_layer = nn.Sequential(*list(model.children())[:-1])

  将 nn 的层连接起来，使用 nn.module 的 model.children() 函数重新定义自己 model 的层，该方法比较灵活高效。model.children() 函数可以用来提取 model 每一层的网络结构，在此基础上进行修改即可，这里是去除后一层。

- x = x.view(x.size(0), -1)

  该语句一般出现在 model 类的 forward() 函数中，具体位置是在调用分类器之前。分类器是一个简单的 nn.Linear() 结构，输入 / 输出都是维度为 1 的值。该语句就是为了将前面多维度的 tensor 展平成一维，其中 x.size(0) 指 batchsize 的值。

（6）以下代码块用于加载训练数据，并且定义优化器以及损失函数。

```
trainloader=torch.utils.data.DataLoader(trainset, batch_size=20, shuffle=True,
num_workers=0)
# 操作的对象是 valset，shuffle=False 表示不打乱验证集
valloader = torch.utils.data.DataLoader(valset, batch_size=20, shuffle=
False, num_workers=0)
# 加载网络结构和预训练参数
resnet = resnet18(pretrained=True)
# 加载模型，如果有权重文件就加载权重文件，没有则自己训练
try:
  model=torch.load('./modelfire_normal.pth')
except:
  model=Net(resnet)
# 设置训练细节，用 torch.optim.SGD 优化器创建一个优化器对象 optimizer
# model.parameters() 是获取 model 网络的参数，学习率设置为 0.001，动量设置为 0.9，
# 权重衰减设置为 5e-4
optimizer = torch.optim.SGD(model.parameters(), lr=0.001, momentum=0.9,
weight_decay=5e-4)
# StepLR 调整学习率
scheduler = StepLR(optimizer, step_size=3)
# CrossEntropyLoss() 为交叉熵损失函数，调用 nn.CrossEntropyLoss() 函数，返回一个 criterion 对象
criterion = nn.CrossEntropyLoss()
```

- trainloader = torch.utils.data.DataLoader(trainset, batch_size=20,shuffle=True, num_workers=0)

  PyTorch 中数据读取的一个重要接口是 torch.utils.data.DataLoader，只要是用 PyTorch

来训练模型，基本都会用到该接口。

num_workers：如果为 0，表示数据导入在主进程中进行；如果为其他大于 0 的数，表示通过多个进程来导入数据，可以加快数据导入速度。

该语句操作的对象是 trainset，shuffle=True 表示打乱训练集。

- scheduler = StepLR(optimizer, step_size=3)

optimizer：要更改学习率的优化器。

step_size（int）：每训练 step_size 个 epoch 更新一次参数，这里设置为 3。

更新策略：每过 step_size 个 epoch，进行一次更新。

（7）以下为部分测试代码块，用于加载测试数据，并且输出最后的类别。

```
img = trans(img)
# 图片加载到设备中
img = img.to(device)
# 将图片扩展出一维，因为输入模型中的图片是四维的 [batch_size, 通道, 长, 宽]，而普通图片
只有三维 [通道, 长, 宽]
img = img.unsqueeze(0)
# 图片加载到模型中
output = model(img)
# prob 是两个分类的概率。dim=1 表示输出所在行的最大值，若改写成 dim=0，则输出所在列的最大
prob = F.softmax(output, dim=1)
# 输出两个分类概率
print(prob)
# 这是分类结果，predicte 为 tensor 类型的结果，值为 0 和 1
value, predicted = torch.max(output.data, 1)
# 转化为 Python 数字输出
print(predicted.item())
# 输出最大值
print(value)
# 得到预测类别
pred_class = classes[predicted.item()]
# 输出预测类别
print(pred_class)
```

- prob = F.Softmax(output, dim=1)

prob 是两个类别的概率，dim=1 表示输出所在行的最大值，dim=0 表示输出所在列的最大值。例如，测试集有 10 个数据，那么训练好的网络将会预测这 10 个数据，得到一个 10×2 的矩阵（二分类问题）。

例如，预测结果是如下矩阵。

0.1   0.9

0.8   0.2

这里的数字就是网络预测为对应类别的概率，而行代表样本，列代表类别，所以第一

行表示 0 标签对应的概率是 0.1，1 标签对应的概率是 0.9。

任务 3-4-4　调整参数优化识别结果

模型固定好之后，可以通过很多方式调整参数来优化效果。

1. 学习率

根据学习率，可以从损失函数中调整网络权重。如果学习率过大，可能会使损失函数直接越过全局最优点，此时表现为 loss 值过大；如果学习率过小，损失函数的变化速度很慢，会大大增加网络的收敛复杂度，并且很容易被困在局部最小值或者鞍点。

由此可以看出，为深度网络选择一个良好的学习率更新策略可以抽象为以下两点特征：更快地达到 loss 的最小值，保证收敛的 loss 值是神经网络的全局最优解。现阶段研究中，人们都认同的学习率设置标准为：首先设置一个较大的学习率，使网络的损失值快速下降；然后随着迭代次数的增加逐渐减少学习率，防止越过全局最优解。那么现在面临一个问题：如何根据迭代次数更新学习率（衰减学习率策略）。

该问题有很多解决办法：学习率的减少主要在于以怎样的方式减少，根据数学有关概念，可以通过指数衰减或者分数衰减的方法实现，调整学习率代码如下：

```
optimizer = torch.optim.SGD(model.parameters(), lr=0.001, momentum=0.9,
weight_decay=5e-4);
scheduler = StepLR(optimizer, step_size=3)
```

2. 标签平滑

标签平滑是一种损失函数的修正，已被证明是非常有效的训练深度学习网络的方法。标签平滑提高了图像分类、翻译甚至语音识别的准确性，是分类问题中错误标注的一种解决方法。标签平滑采用如下思路：在训练时即假设标签可能存在错误，避免"过分"相信训练样本的标签。大型数据集通常会包含标签错误的数据，这意味着神经网络在本质上应该对"正确答案"持怀疑态度，以减少一定程度上围绕错误答案的极端情况下的建模。在绝大多数情况下，使用标签平滑训练可以产生更好的校准网络，从而更好地泛化，最终对不可见的生产数据有更准确的预测。

3. 数据加强

1）处理不均衡数据

在许多情况下会处理不平衡数据，特别是在实际应用程序中，例如，正在训练某个深层网络，预测图片是否为火焰烟雾。但是在训练数据中只有 50 张正常图片，但有 1000 张火焰烟雾图片。如果直接使用这些数据来训练网络，那么搭建的模型肯定会偏向于预测是火焰烟雾图片。此时，就要在 loss() 函数中使用 classweights。本质上，未充分表示的类会在 loss() 函数中获得更高的权重，因此对特定类的任何分类错误都会导致 loss() 函数中出现非常高的错误。

（1）**样本过采样**：重复一些包含代表性不足的类的训练示例有助于平衡分布。如果可用数据很小，那么这种方法最有效。

（2）**样本欠采样**：可以简单地跳过一些包含过度表示类的训练示例。如果可用数据非常大，那么这种方法最有效。

2）数据扩充

在对数据集进行操作时，还有一项工作可以做，即对数据集进行扩充。扩充也可以从以下两个方面进行。

（1）在训练分类器之前进行数据扩充，即使用 GAN（generative adversarial networks，生成式对抗网络）或仿射变换。

（2）在分类器网络中使用预先的神经网络来实时扩充数据。

然而，在图像的深度学习中，为了更好地丰富图像训练集的内容，以及提取图像特征更多的可能性，更好地泛化模型，一般会对数据图像进行数据增强来扩充。数据增强常用的方式是剪切图像或者旋转图像、改变图像色差、扭曲图像等；如果要弱化图像特征，可以改变图像尺寸和大小，也可以增强图像噪声（一般使用高斯白噪声或者椒盐噪声，注意不要加入其他图像轮廓的噪声）。

◆ 项目总结 ◆

本项目讲解了 PAI-Studio 和 PAI-DSW 两种不同环境的二分类算法实现方式。通过三个不同的任务，从 PAI-Studio 可视化模型搭建到 PAI-DSW 代码模型编写，详细讲述了二分类算法的应用及原理。在城市天气数据预处理任务中，可视化地分析了 CO_2、PM10、SO_2、CO 及 NO_2 含量等空气质量参数对 PM2.5 数值的影响，使读者熟悉阿里云 PAI 平台中的 PAI-Studio 可视化建模工具的基本使用方法。在利用 PAI-Studio 完成的二分类任务中，通过可视化的逻辑回归二分类模型搭建，实现了对 10 组（拥有 8 个特征值，被分为"1"和"–1"两种类型）数据的二分类，并预测了训练模型对同样类型数据的分类结果，并对模型完成了评估。

在利用 PAI-DSW 平台实现火情检测算法任务中，通过编写 Python 代码搭建了 ResNet+Softmax 网络模型，实现了对社区火情图片的二分类。本项目运用全连接层加上 Softmax 分类器，可成功检测出火焰烟雾状况并对有火和没火进行分类，模拟了社区火灾报警的应用场景。通过本项目的知识学习和实际操作，读者可以深入理解深度学习框架 PyTorch、ResNet18 网络结构、Softmax 分类器原理，并通过 PAI 平台的 DSW 工具模拟实现了社区火灾烟雾检测功能。

本项目中的四个任务难度略微递增，但都使用了最具代表性的人工智能组件或机器学习的网络模型，也充分展示了二分类算法在 PAI-Studio 和 PAI-DSW 中的实现过程及核心原理。

练习题

1.（单选题）参数 momentum 代表（　　　）。

    A. 动量　　　　　　　B. 学习率　　　　　　　C. 权重　　　　　　　D. 衰减系数

2.（单选题）PAI-Studio 被用来可视化训练模型，下面建立 PAI-Studio 可视化训练模型的正确步骤是（　　　）。

①创建项目；②准备数据；③数据可视化；④评估模型；⑤算法建模；⑥数据预处理。

    A.②①⑥③⑤④　　　　　　　　　　B.①②⑥⑤③④

    C.①⑥③②⑤④　　　　　　　　　　D.①②⑥③⑤④

3.（多选题）当模型固定好之后，可以通过很多方式调整参数去优化模型，包括（　　　）。

    A. 标签平滑　　　　　　　　　　　B. 数据增强

    C. 更改模型　　　　　　　　　　　D. 更改权重

4.（多选题）利用 PAI-Studio 完成二分类预测模型时，预测结果会出现偏差，最有可能的原因是（　　　）。

    A. 训练次数偏少　　　　　　　　　B. 训练次数偏多

    C. 训练数据量偏少　　　　　　　　D. 训练数据量偏多

5.（判断题）PyTorch 框架不支持 Python 开发语言。（　　　）

项目4

深度学习算法的应用——以城市交通场景为例

 项目概述

1. 项目背景

本项目使用多种不同的机器学习算法分别实现了违章车牌检测和区域内车流量预测两种不同场景应用。在违章车牌检测任务中，项目模拟了自动车牌识别（automatic number plate recognition，ANPR）技术实现原理，它是一种在图像上使用光学字符识别来读取车辆牌照以创建车辆位置数据的技术。我们可以使用现有的闭路电视、道路执法摄像机采集的车辆数据，再利用 U-Net 网络和 CNN 网络搭建一个模拟的违章车牌识别应用系统，通过输入需要识别的已拍摄好的带有车牌的图片，准确输出识别出的中文车牌字符。

在区域内车流量预测任务中，通过模拟实现准确的短期车流量预测，理论上可对城市交通出行规划提出合理的建议，改善城市交通的运营模式，保障城市居民出行通畅，有利于优化出行线路和缓解城市交通压力。另外，模拟实现的区域车流预测可以进一步为人们提供预警和多方决策，也可以有效防止拥塞、踩踏和其他安全事故发生。本实验通过 Pycharm 平台编写神经网络代码，模拟预测短期范围内的车流量，通过对大量的时间序列数据进行训练，最后给出某一天各个时间段的车流量预测结果。

2. 项目架构

本项目在本地 Pycharm 开发环境完成，通过编写 Python 代码分别实现区域内车流量预测和违章车牌检测。在违章车牌识别算法实现项目中，通过在 Pycharm 上编写 U-Net 和 CNN 网络算法架构代码，实现对违章车辆图片信息进行识别，得出当前图片中车辆的

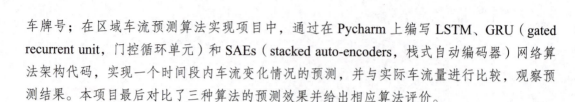

车牌号；在区域车流预测算法实现项目中，通过在 Pycharm 上编写 LSTM、GRU（gated recurrent unit，门控循环单元）和 SAEs（stacked auto-encoders，栈式自动编码器）网络算法架构代码，实现一个时间段内车流变化情况的预测，并与实际车流量进行比较，观察预测结果。本项目最后对比了三种算法的预测效果并给出相应算法评价。

3. 项目知识

本项目的知识内容主要包括 CNN 和 U-Net 网络基础知识，以及 LSTM、GRU 和 SAEs 网络算法的基础知识。此外，本项目在任务 4-1 中介绍了城市大脑交通场景中基于人工智能技术的城市拥堵治理解决方案，在任务 4-2 中介绍了人工智能算法模型预测效果评估指标基本知识。

 学习目标

1. 知识目标

- 了解车牌检测、车流预测项目数据的基本要求。
- 了解车牌检测、车流预测中使用的不同神经网络。
- 了解 Pycharm 平台的基础用法。
- 了解项目数据标注的方法。

2. 技能目标

- 掌握违章车牌识别算法实现及应用系统的搭建。
- 掌握区域车流预测算法实现及应用系统的搭建。

项目导图

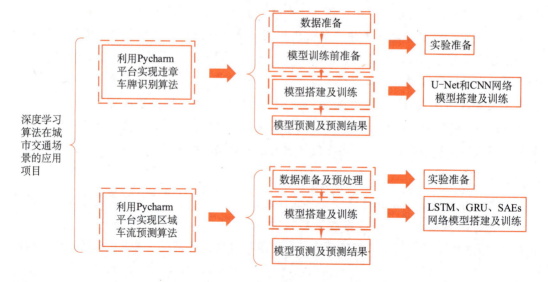

任务 4–1　利用 Pycharm 平台实现违章车牌识别算法

■ 任务目标

- 了解违章车牌识别任务所需的数据集类型。
- 了解U-Net和CNN算法的网络模型。
- 掌握违章车牌识别实验中不同数据集的处理方法。
- 掌握使用Pycharm软件编写U-Net和CNN网络模型搭建、训练和测试的代码。

■ 任务描述

　　本任务针对车牌信息进行数据处理，利用处理后的数据集实现违章车牌识别算法，尽量独立完成U-Net和CNN网络模型的搭建、训练和测试过程。

■ 任务分析

　　本任务要求读者能够读懂U-Net和CNN网络中的部分重要代码，且要求读者能编写其训练代码调整网络参数，并对网络进行训练。同时，读者应能够编写U-Net和CNN网络的预测代码，得出网络预测结果。

知识准备

1. 基于人工智能技术的城市交通拥堵治理解决方案概述

　　图 4-1 所示为城市交通治理整体架构，通过整合城市交通检测器、视频、信令等海量交通数据，进行线上线下多源数据融合，打造统一的路网中心，精准提取城市交通信息，利用交通视觉引擎等人工智能核心能力建立科学精准的交通治理体系。

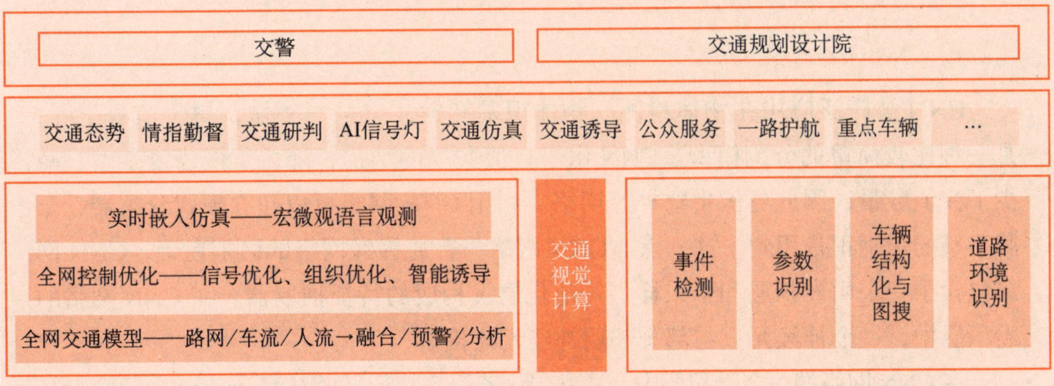

交警	交通规划设计院

交通态势　情指勤督　交通研判　AI信号灯　交通仿真　交通诱导　公众服务　一路护航　重点车辆　…

实时嵌入仿真——宏微观语言观测
全网控制优化——信号优化、组织优化、智能诱导
全网交通模型——路网/车流/人流→融合/预警/分析

交通视觉计算

事件检测　参数识别　车辆结构化与图搜　道路环境识别

图 4-1　城市交通治理整体架构

其中，全网交通模型为业务应用提供了一套基于多源数据融合的评价指标、事件预警和成因分析，实现了路网数据的分析和计算。全网控制优化通过生成信号配时优化、弹性绿波带、路径规划、交通诱导等控制策略，有效发挥信号灯、诱导屏、地图导航等的交通调节能力，从而提高了通行效率，降低了交通流冲突。实时嵌入仿真是以真实数据融合模型建立的城市交通仿真引擎，可直接嵌入交通管理的各个业务环节中，提供基于真实数据的还原与预测。基于这些基础交通环境感知能力，再配合交通视觉计算提供的事件检测、参数识别、车辆结构化与图搜及道路环境识别能力，城市大脑平台可以为交警或交通规划部门提供各种智能交通应用及服务。

（1）交通态势感知分析：基于大数据的交通评价体系，对城市交通的宏观态势和具体区域、路口、路段的情况进行综合感知分析。其能够对设施指标、道路拥堵程度、路口车辆类型、路口态势、车辆和出行特征等进行数据查看、统计和分析，应用统计和智能化算法对数据特征进行分析，得到及时准确的交通信息。

（2）重点人车管理：可以对人、车、路多维度源头数据进行管控，提高交通安全管理水平。

（3）事件感知和轻处置：提供基于人工智能的事件感知与推送功能，能够实现"事件感知—预警识别—大数据分析—处置预案推送—调度处置—事件统计分析"的全流程规范化处理，完成对交通视频的智能分析、交通事件的智能预警和智能调度，实现交通指挥中心传统业务的智能化升级。

（4）交通信号优化控制：通过对交通管理数据和互联网地图 APP 数据的融合分析，得到交通状况综合评价指标，在此指标基础上按照单路口、子区、区域三个层次进行信号优化和评估，通过信号配时中心进行实时处置。

（5）公众信息服务与交通诱导：以城市服务为入口，利用实名认证、快捷支付、风险控制等多项信息技术，为驾驶员提供车辆违章查询、处理、缴费和机动车年检、违法随手拍、一键挪车等多项交警相关服务。

2. 神经网络模型算法概述

1）CNN网络概述

CNN 被广泛应用在物体检测、物体识别和模式分类等领域，属于监督学习，是一种比较简单的分割模型。CNN 由于权值共享的结构，降低了网络复杂度，减少了权值数量，因此更像生物神经网络。利用 CNN 网络可以建立模式分类器，车牌字符的识别正是用到了这一点。CNN 网络与普通神经网络的区别在于，CNN 网络包含了一个由卷积层和子采样层（池化层）构成的特征抽取器。在 CNN 网络的卷积层中，一个神经元只与部分邻层神经元连接。

在 CNN 网络的一个卷积层中，通常包含若干个特征平面 (feature map)，每个特征平面由一些矩形排列的神经元组成，同一特征平面的神经元共享权值，这里共享的权值就是卷积核。卷积核一般以随机小数矩阵的形式初始化，在网络训练过程中卷积核将学习得到合理的权值。共享权值（卷积核）带来的直接好处是减少了网络各层之间的连接，同时又降低了过拟合的风险。子采样也称为池化（pooling），通常有均值子采样（mean pooling）和最大值子采样（max pooling）两种形式。子采样可以看作一种特殊的卷积过程。卷积和子采样大大简化了模型复杂度，减少了模型的参数。

（1）卷积。由于卷积神经网络常常用于对图像的处理，因此卷积神经网络中的卷积也是对图像进行卷积。图像中不同数据窗口的数据和卷积核作内积的操作称为卷积，本质是提取图像不同频段的特征。

如图 4-2 所示，输入图片将以矩阵的形式存储，每个像素点从 0 到 255 赋值。假设有一个 6×6 像素的图像，定义一个卷积核矩阵，用来从图像中提取一定的特征。先把卷积核初始化成一个 3×3 的矩阵，然后将该卷积核与输入图像矩阵结合，所有的像素都被覆盖至少一次，从而产生一个卷积化的输出。也就是说，卷积核和输入图像矩阵对应相乘相加（$18 \times 1 + 54 \times 0 + 51 \times 1 + 55 \times 0 + 121 \times 1 + 75 \times 0 + 35 \times 1 + 24 \times 0 + 204 \times 1 = 429$），最后得到图 4-2 中的 429。

输入图片矩阵							卷积核			结果
18	54	51	239	244	188		1	0	1	429
55	121	75	78	95	88		0	1	0	
35	24	204	113	109	221		1	0	1	
3	154	104	235	25	130					
15	253	225	159	78	233					
68	85	180	214	245	0					

图 4-2　卷积运算

图 4-3 所示是当步长等于 1 时的卷积运算结果。当步长等于 2 时，卷积核将隔一个卷积一次。想象一下，权值矩阵就像用来刷墙的刷子，首先在水平方向上用刷子刷墙，然后向下移，对下一行进行水平粉刷。当权值矩阵沿着图像移动时，像素值再一次被使用。实际上，这样可以使参数在 CNN 网络中被共享。

（2）池化。池化的具体操作与卷积层的操作基本相同，只不过池化的卷积核只取对应位置的最大值、平均值等（最大池化、平均池化），即矩阵之间的运算规律不一样，并且不经过反向传播的修改。池化层夹在连续的卷积层中间，用于压缩数据和参数的量，减小过拟合。简而言之，如果输入的是图像，那么池化层最主要的作用就是压缩图像。

图 4-4 所示是卷积结果经过最大池化，池化核为 2×2 大小且步长为 2 的池化运

算结果。最大池化则是将池化核的面积大小覆盖在相应的卷积结果上，选出池化核的面积大小区域的最大值。

输入图片矩阵

18	54	51	239	244	188
55	121	75	78	95	88
35	24	204	113	109	221
3	154	104	235	25	130
15	253	225	159	78	233
68	85	180	214	245	0

卷积核

1	0	1
0	1	0
1	0	1

结果

429	505	686	856
261	792	412	640
633	653	851	751
608	913	713	657

图 4-3　当步长等于 1 时的卷积运算结果

卷积结果

429	505	686	856
261	792	412	640
633	653	851	751
608	913	713	657

池化核大小

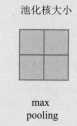

max pooling

结果

792	856
913	851

图 4-4　池化运算结果

2）U-Net网络概述

语义分割（semantic segmentation）是图像处理和机器视觉的一个重要分支。与分类任务不同，语义分割需要判断图像每个像素点的类别，从而进行精确分割。语义分割目前在自动驾驶、自动抠图、医疗影像等领域有着比较广泛的应用。

U-Net 是用于语义分割的一种全卷积网络，也是一种比较简单的分割模型，它容易构建且可以从小数据集中训练。U-Net 网络结构为 U 形，在卷积层一层一层提取特征的同时将首尾对称的两层联系起来，目前已成为医疗影像处理中最主流的分割网络。该网络基于全卷积网络，并且对其体系结构进行了修改和扩展。与传统的全卷积神经网络相比，U-Net 网络通过层与层之间更强的联系，加上上采样和下卷积，实现特征的充分提取，所以其可以使用更少的训练样本得到准确的分割。在现代 GPU 上，分割 512×512 像素的图像所需的时间不到 1 秒。本项目将使用 U-Net 网络实现车牌图片的识别。

任务 4-1-1　U-Net 和 CNN 网络的数据集处理

在实现违章车牌识别任务之前，需要准备该任务的数据集。本任务使用的源数据集为开源数据集，制作本任务的数据集时需要对开源数据集进行标注。由于本任务采用双网络模型，因此需要对不同网络分别制作数据集。在制作数据集之前，需要将所有开源车牌图片数据统一尺寸，方便后续处理。下面将分步骤讲述本任务使用的两个不同网络模型的数据集处理过程。

1. 修改图片尺寸代码

```
# 导入系统库
import os
# 导入 pillow 画图库
from PIL import Image
# 读取需要重新修改尺寸的图片
fileName = os.listdir('.\\Filtered images\\platenew\\')
# 重新定义图片宽度
width = 240
# 重新定义图片高度
height = 80
# 建立文件夹，用于存储更改图片尺寸后生成的图片
os.mkdir('.\\Filtered images\\platenewname\\')
# 通过一个循环将目录下的图片更改完
for img in fileName:
  # 打开一张图片
  pic = Image.open('.\\Filtered images\\platenew\\' + img)
  # 根据上述参数重定义图片尺寸
  newpic = pic.resize((width, height),Image.ANTIALIAS)
  # 输出更改后的图片
  print(newpic)
  # 保存更改后的图片
  newpic.save('.\\Filtered images\\platenewname\\'+img)
  # 提示所有图片尺寸转换完成
print("转换完成！！！！")
```

2. U-Net网络的数据集处理

用于处理本任务数据集的工具的安装和使用，请参考电子实验手册（高级）实验 8 内容。

阿里云全球培训中心提供的沙箱实验平台上，工程文件夹【code】中有一个【pic】文件夹，可用【pic】文件夹里的图片进行 U-Net 网络的数据集处理。

图 4-5 所示为标注软件 Lableme 界面，选择【OpenDir】选项，选择准备好的车辆数据集所在的文件夹【pic】。注意，一定要先把图片全都重新设置为训练时所需的大小 512×512(其中重新设置图片的代码是工程文件夹【code】中的【批量修改图片尺寸.py】)后再进行标注。【pic】文件夹中的示例图片已经调整为 512×512 像素，可直接使用，不需再调整。单击【OpenDir】选项后，打开需要标注的图片所在的文件夹【pic】。

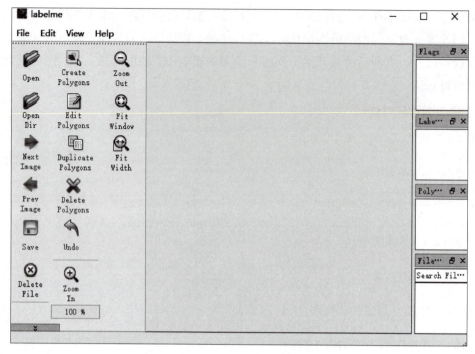

图 4-5　Labelme 界面

选择【File】→【Save Automatically】选项，单击【Change Output Dir】按钮，选择保存路径。图 4-6 所示为存放标注文件时建立的目录。本实验需在工程文件夹【code】下新建一个名为"labelme"的文件夹，在 labelme 文件夹中新建一个名为"json"的文件夹，用于保存标注的 json 数据，这里【Change Output Dir】的保存目录选 json 文件夹。此外，还新建了一个与 json 文件夹同一级的名为"data"文件夹用于存放后续转换的图片数据。建立好的数据文件存储目录如下。

名称	修改日期	类型	大小
data	2021/1/7 23:17	文件夹	
json	2021/1/7 23:17	文件夹	
unet_datasets	2021/1/8 10:27	文件夹	

图 4-6　存放标注文件时建立的目录

准备好上述内容后即可开始标注。选择【Create Polygons】选项，单击进行标注，双击锁定标注区域，出现如下图界面，第一次标注需输入名称"license plate"，后续标注就自动显示了。标注完一张图片后单击【Next Image】进入下一张图片标注，方法同理。车牌标注界面如图 4-7 所示。

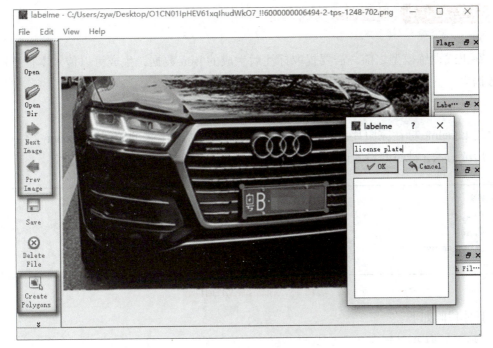

图 4-7　车牌标注界面

3. CNN网络的数据集处理

如果想得到较好的识别结果，就需要数量很大的数据集样本，这样标注的工作量巨大。因此，本任务 CNN 字符识别部分的数据集图片采用代码生成的方式，这样生成的图片就可以直接进行标注。代码生成的车牌图片样式如图 4-8 所示。

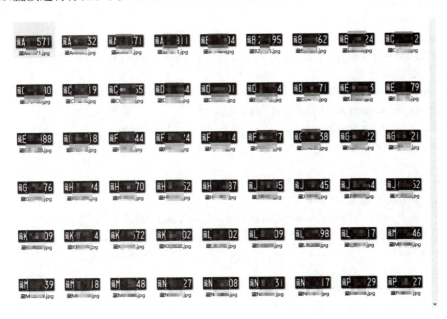

图 4-8　代码生成的车牌图片样式

任务 4-1-2　模型训练前的准备

在正式训练模型之前，需要提取标注后生成的 json 数据，生成可以传入本任务网络的数据集。下面将分步骤介绍本任务模型训练前的准备工作。

1. 提取json数据

用 Labelme 标注完图片后进行标注数据的提取，提取出来的数据放在 data 文件夹中，用于后续 U-Net 神经网络的训练。存放标注文件的目录如图 4-9 所示。

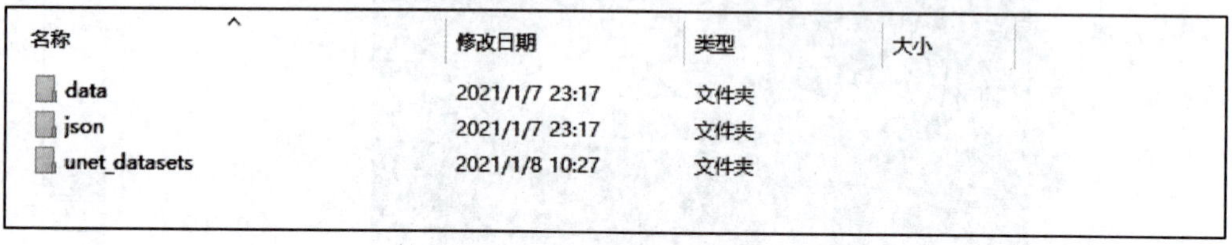

名称	修改日期	类型	大小
data	2021/1/7 23:17	文件夹	
json	2021/1/7 23:17	文件夹	
unet_datasets	2021/1/8 10:27	文件夹	

图 4-9　存放标注文件的目录

具体代码如下。

```
import argparse
import base64
import json
import os
import os.path as osp
import warnings
import PIL.Image
import yaml
from labelme import utils
import glob
json_list = glob.glob(os.path.join('.\\labelme\\json','*.json'))

def main():
  parser = argparse.ArgumentParser()
  parser.add_argument('-o', '--out', default=None)
  args = parser.parse_args()

  for json_file in json_list:
    if args.outis None:
      json_name = osp.basename(json_file).replace('.', '_')
      out_dir = osp.join(".\\labelme\\data\\", json_name)
    else:
      out_dir = args.out
    if not osp.exists(out_dir):
      os.mkdir(out_dir)
    data = json.load(open(json_file))
```

```python
    if data['imageData']:
      imageData = data['imageData']
    else:
      imagePath = os.path.join(os.path.dirname(json_file), data['imagePath'])
      with open(imagePath, 'rb') as f:
        imageData = f.read()
        imageData = base64.b64encode(imageData).decode('utf-8')
    img = utils.img_b64_to_arr(imageData)

    label_name_to_value = {'_background_': 0}
    for shape in sorted(data['shapes'], key=lambda x: x['label']):
      label_name = shape['label']
      if label_nameinlabel_name_to_value:
        label_value= label_name_to_value[label_name]
      else:
        label_value = len(label_name_to_value)
        label_name_to_value[label_name] = label_value
    lbl = utils.shapes_to_label(img.shape, data['shapes'], label_name_
to_value)

    label_names = [None] * (max(label_name_to_value.values()) + 1)
    for name, value in label_name_to_value.items():
      label_names[value] = name
    lbl_viz = utils.draw_label(lbl, img, label_names)

    PIL.Image.fromarray(img).save(osp.join(out_dir, 'img.png'))
    utils.lblsave(osp.join(out_dir, 'label.png'), lbl)
    PIL.Image.fromarray(lbl_viz).save(osp.join(out_dir, 'label_viz.png'))

    with open(osp.join(out_dir, 'label_names.txt'), 'w') as f:
      for lbl_nameinlabel_names:
        f.write(lbl_name + '\n')

    warnings.warn('info.yaml is being replaced by label_names.txt')
    info = dict(label_names=label_names)
    with open(osp.join(out_dir, 'info.yaml'),'w') as f:
      yaml.safe_dump(info, f, default_flow_style=False)

    print('Saved to: %s' % out_dir)

if__name__== '__main__':
    main()
```

2. 存储json数据转换后的数据

存放 json 数据转换后的数据的目录如图 4-10 所示。

图 4-10　存放 json 数据转换后的数据的目录

具体代码如下。

```
# os 模块提供了多数操作系统的功能接口函数 ,cv2 为 opencv 的库，numpy 为科学计算库
import os
import cv2
import numpyasnp


# 将 json 转换后的数据分别放到 train_image 和 train_label 中
# n 为总共标注的图片数
n = 11
# 定义存储训练图片的目录
train_image = '.\\labelme\\unet_datasets\\train_image\\'
# 如果该目录不存在，则新建该目录
if not os.path.exists(train_image):
  os.makedirs(train_image)
# 定义存储训练标签的目录，存放 Labelme 文件夹的路径
train_label = '.\\labelme\\unet_datasets\\train_label\\'
# 如果该目录不存在，则新建该目录
if not os.path.exists(train_label):
  os.makedirs(train_label)
# 遍历每个标注的 json 文件
for i in range(n):
  print(i)
  # 读取图片
  img = cv2.imread('./labelme/data/%d_json/img.png' % i)
  # 读取标签
  label = cv2.imread('./labelme/data/%d_json/label.png' % i)
  print(img.shape)
  # 重定义标签大小
  label = label / np.max(label[:, :, 2]) * 255
  label[:, :, 0] = label[:, :, 1] = label[:, :, 2]
  print(np.max(label[:, :, 2]))
  print(set(label.ravel()))
  # 重写图片和标签
```

```
cv2.imwrite(train_image + '%d.png' % i, img)
cv2.imwrite(train_label + '%d.png' % i, label)
```

任务 4-1-3 模型搭建及训练实现

1. U-Net网络模型搭建

搭建 U-Net 神经网络模型，用于训练车牌分割标注的数据。存放代码文件的目录如图 4-11 所示。

名称	修改日期	类型	大小
.idea	2021/4/16 21:43	文件夹	
Filtered images	2021/3/28 15:15	文件夹	
labelme	2021/3/28 15:14	文件夹	
pic	2021/4/8 16:14	文件夹	
cnn.h5	2021/4/10 13:18	H5 文件	19,932 KB
CNN.py	2021/4/10 13:22	JetBrains PyChar...	4 KB
jsontodataset.py	2021/4/10 19:26	JetBrains PyChar...	4 KB
main.py	2021/3/28 14:42	JetBrains PyChar...	1 KB
predict.py	2021/4/10 13:22	JetBrains PyChar...	12 KB
unet.h5	2021/4/10 12:58	H5 文件	6,777 KB
unet.py	2021/4/10 13:22	JetBrains PyChar...	7 KB
批量修改图片尺寸.py	2021/4/16 21:16	JetBrains PyChar...	1 KB

图 4-11 存放代码文件的目录

具体代码如下。

```
import os
import cv2
import numpy as np
from tensorflow.keras import layers, losses, models
from tensorflow import keras

# 将 json 转换后的数据分别放到 train_image 和 train_label 中
n = 11   # n 为总共标注的图片数
# dst_w = 512
# dst_h = 512
# dst.shape = (dst_w, dst_h,3)
# 定义存储训练图片的目录，存放到 labelme 文件夹的路径

train_image = '.\\labelme\\unet_datasets\\train_image\\'
# 如果该目录不存在，则新建该目录
if not os.path.exists(train_image):
  os.makedirs(train_image)
```

```python
# 定义存储训练标签的目录，存放 labelme 文件夹的路径
train_label = '.\\labelme\\unet_datasets\\train_label\\'
# 如果该目录不存在，则新建该目录
if not os.path.exists(train_label):
  os.makedirs(train_label)

# 遍历每个标注的 json 文件
for i in range(n):
  print(i)
  # 读取图片，存放到 labelme 文件夹的路径
  img = cv2.imread('./labelme/data/%d_json/img.png' % i)
  # 读取标签，存放到 labelme 文件夹的路径
  label = cv2.imread('./labelme/data/%d_json/label.png' % i)
  print(img.shape)
  # 重定义标签大小
  label = label / np.max(label[:, :, 2]) * 255
  label[:, :, 0] = label[:, :, 1] = label[:, :, 2]
  print(np.max(label[:, :, 2]))
  print(set(label.ravel()))
  # 重写图片和标签
  cv2.imwrite(train_image + '%d.png' % i, img)
  cv2.imwrite(train_label + '%d.png' % i, label)

# u-net 模型搭建和训练，使用 TensorFlow 的 keras 实现
def unet_train():
  # 设置训练图片的高度
  height = 512
  # 设置训练图片的宽度
  width = 512
  # 读取需要训练的文件路径，存放到 labelme 文件夹的路径
  path = './labelme/unet_datasets/'
  # os.listdir() 方法用于返回指定的文件夹包含的文件或文件夹的名字的列表
  # 此语句用于读取训练图片的文件名
  input_name = os.listdir(path + 'train_image')
  # len() 用于返回字符串、列表、字典、元组等长度
  # 此语句用于计算训练图片的数量
  n = len(input_name)
  print(n)

  X_train, y_train = [], []
  for i in range(n):
    print(" 正在读取第 %d 张图片 " % i)
    # imread 函数有两个参数，第一个参数是图片路径，第二个参数表示读取图片的形式
    # cv2.imread() 函数用于读取图片后以多维数组的形式保存图片信息，前两维表示图片
    # 的像素坐标，最后一维表示图片的通道索引，具体图像的通道数由图片的格式决定
    img = cv2.imread(path + 'train_image/%d.png' % i)
```

```python
        label = cv2.imread(path + 'train_label/%d.png' % i)
        # 将图片和标签分别储存在列表中
        X_train.append(img)
        y_train.append(label)
    X_train = np.array(X_train)
    y_train = np.array(y_train)
    # 搭建 U-Net 神经网络
    def Conv2d_BN(x, nb_filter, kernel_size, strides=(1, 1), padding='same'):
        x = layers.Conv2D(nb_filter, kernel_size, strides=strides, padding=
    padding)(x)
        x = layers.BatchNormalization(axis=3)(x)
        x = layers.LeakyReLU(alpha=0.1)(x)
        return x


    def Conv2dT_BN(x, filters, kernel_size, strides=(2, 2), padding='same'):
        x = layers.Conv2DTranspose(filters, kernel_size, strides=strides,
    padding=padding)(x)
        x = layers.BatchNormalization(axis=3)(x)
        x = layers.LeakyReLU(alpha=0.1)(x)
        return x


    inpt = layers.Input(shape=(height, width, 3))
    conv1 = Conv2d_BN(inpt, 8, (3, 3))
    conv1 = Conv2d_BN(conv1, 8, (3, 3))
    pool1 = layers.MaxPooling2D(pool_size=(2, 2), strides=(2, 2),
    padding='same')(conv1)

    conv2 = Conv2d_BN(pool1, 16, (3, 3))
    conv2 = Conv2d_BN(conv2, 16, (3, 3))
    pool2 = layers.MaxPooling2D(pool_size=(2, 2), strides=(2, 2),
    padding='same')(conv2)

    conv3 = Conv2d_BN(pool2, 32, (3, 3))
    conv3 = Conv2d_BN(conv3, 32, (3, 3))
    pool3 = layers.MaxPooling2D(pool_size=(2, 2), strides=(2, 2),
    padding='same')(conv3)

    conv4 = Conv2d_BN(pool3, 64, (3, 3))
    conv4 = Conv2d_BN(conv4, 64, (3, 3))
    pool4 = layers.MaxPooling2D(pool_size=(2, 2), strides=(2, 2),
    padding='same')(conv4)

    conv5 = Conv2d_BN(pool4, 128, (3, 3))
    conv5 = layers.Dropout(0.5)(conv5)
    conv5 = Conv2d_BN(conv5, 128, (3, 3))
    conv5 = layers.Dropout(0.5)(conv5)
```

```
conv1 = Conv2dT_BN(conv5, 64, (3, 3))
concat1 = layers.concatenate([conv4, conv1], axis=3)
concat1 = layers.Dropout(0.5)(concat1)
conv6 = Conv2d_BN(concat1, 64, (3, 3))
conv6 = Conv2d_BN(conv6, 64, (3, 3))

conv2 = Conv2dT_BN(conv6, 32, (3, 3))
concat2 = layers.concatenate([conv3, conv2], axis=3)
concat2 = layers.Dropout(0.5)(concat2)
conv7 = Conv2d_BN(concat2, 32, (3, 3))
conv7 = Conv2d_BN(conv7, 32, (3, 3))

conv3 = Conv2dT_BN(conv7, 16, (3, 3))
concat3 = layers.concatenate([conv2, conv3], axis=3)
concat3 = layers.Dropout(0.5)(concat3)
conv8 = Conv2d_BN(concat3, 16, (3, 3))
conv8 = Conv2d_BN(conv8, 16, (3, 3))

conv4 = Conv2dT_BN(conv8, 8, (3, 3))
concat4 = layers.concatenate([conv1, conv4], axis=3)
concat4 = layers.Dropout(0.5)(concat4)
conv9 = Conv2d_BN(concat4, 8, (3, 3))
conv9 = Conv2d_BN(conv9, 8, (3, 3))
conv9 = layers.Dropout(0.5)(conv9)
outpt = layers.Conv2D(filters=3, kernel_size=(1, 1), strides=(1, 1),
padding='same', activation='relu')(conv9)

model = models.Model(inpt, outpt)
model.compile(optimizer='adam',
    loss='mean_squared_error',
    metrics=['accuracy'])
model.summary()

# np.max() 用于计算数组中的元素沿指定轴的最大值
print(np.max(X_train))
print(np.max(y_train))
# 读取数组的数值
print(X_train.shape)
# epochs 和 batch_size 的数值依据训练效果和计算机硬件条件而定，batch_size 不
# 要过大，否则内存容易溢出
model.fit(X_train, y_train, epochs=3, batch_size=15)
# 保存训练完成的模型为 unet.h5
```

```
model.save('unet.h5')
# 提示 unet.h5 保存成功
print('unet.h5 保存成功 !!!')
```

2. U-Net网络模型训练代码

运行 unet.py 文件即可训练，如图 4-12 所示。

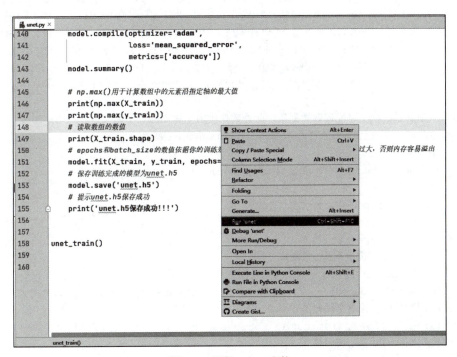

图 4-12　运行 unet.py 文件

具体代码如下。

```
unet_train()
```

3. CNN网络模型搭建

本实验使用 CNN 网络对 U-Net 分割出的车牌图片进行车牌号识别。在 Pycharm 平台编写搭建 CNN 网络的 Python 代码，具体如下。

具体代码如下。

```
import os
import cv2
import numpy as np
from tensorflow import keras
from tensorflow.keras import layers, losses, models

# 车牌识别
def cnn_train():
```

```python
# 车牌字符的索引字典
char_dict = {"京": 0, "沪": 1, "津": 2, "渝": 3, "冀": 4, "晋": 5,
             "蒙": 6,  "辽": 7, "吉": 8, "黑": 9, "苏": 10,"浙": 11,
             "皖": 12, "闽": 13, "赣": 14, "鲁": 15, "豫": 16, "鄂":
             17, "湘": 18, "粤": 19, "桂": 20,"琼":  21, "川": 22, "
             贵": 23, "云": 24, "藏": 25, "陕": 26, "甘": 27, "青":
             28, "宁": 29, "新": 30,"0": 31, "1": 32, "2": 33, "3":
             34, "4": 35, "5": 36, "6": 37, "7": 38, "8": 39, "9":
             40,"A": 41, "B": 42, "C": 43, "D": 44, "E": 45, "F": 46,
             "G": 47, "H": 48, "J": 49, "K": 50, "L": 51, "M": 52, "N":
             53, "P": 54, "Q": 55, "R": 56, "S": 57, "T": 58, "U": 59,
             "V":  60,"W": 61, "X": 62, "Y": 63, "Z": 64}


# 从车牌号数据集路径读取数据集，此处数据集内车牌图片大小为（240，80)
path = '.\\Filtered images\\platenewname\\'
# 整理文件
pic_name = sorted(os.listdir(path))
# 计算数量
n = len(pic_name)
X_train, y_train = [], []
for i in range(n):
  print(" 正在读取第 %d 张图片 " % i)
  # cv2.imdecode 用于读取中文路径图片
  img = cv2.imdecode(np.fromfile(path + pic_name[i], dtype=np.uint8), -1)
  # 图片名前 7 位为车牌标签
  label = [char_dict[name] for name in pic_name[i][0:7]]
  # 将图片和标签分别储存
  X_train.append(img)
  y_train.append(label)
X_train = np.array(X_train)
# y_train 是长度为 7 的列表，其中每个都是 shape 为 (n,) 的 ndarray，分别对应 n 张图
片的第 1 个字符、第 2 个字符、…、第 7 个字符
  y_train = [np.array(y_train)[:, i] for iinrange(7)]


# cnn 模型，车牌图片形状为 (80,240,3)
Input = layers.Input((80, 240, 3))
x = Input
x = layers.Conv2D(filters=16, kernel_size=(3, 3), strides=1, padding='same',
  activation='relu')(x)
x = layers.MaxPool2D(pool_size=(2, 2), padding='same', strides=2)(x)
for i in range(3):
  x = layers.Conv2D(filters=32 * 2 ** i, kernel_size=(3, 3),
padding='valid', activation='relu')(x)
  x = layers.Conv2D(filters=32 * 2 ** i, kernel_size=(3, 3),
padding='valid', activation='relu')(x)
  x = layers.MaxPool2D(pool_size=(2, 2), padding='same', strides=2)(x)
```

```
    x = layers.Dropout(0.5)(x)
  x = layers.Flatten()(x)
  x = layers.Dropout(0.3)(x)
  # 7 个输出分别对应车牌的 7 个字符，此处神经元个数为 65，每个输出都是 65 个概率值
  Output = [layers.Dense(65, activation='softmax', name='c%d' % (i + 1))(x)
for iinrange(7)]
  model = models.Model(inputs=Input, outputs=Output)
  model.summary()
  # y_train 未进行 one-hot 编码，所以 loss 选择 sparse_categorical_crossentropy
  model.compile(optimizer='adam',
      loss='sparse_categorical_crossentropy',
      metrics=['accuracy'])

  # 模型训练
  print(" 开始训练 cnn")
  # 总 loss 为 7 个 loss 的和
  model.fit(X_train, y_train, epochs=35)
  model.save('cnn.h5')
  print('cnn.h5 保存成功 !!!')
cun_train()
```

4. CNN网络的训练代码

搭建 CNN 网络模型，用于训练字符分割的车牌图片。运行 CNN.py 文件，即可训练 CNN 网络，如图 4-13 所示。

图 4-13　运行 CNN.py 文件

具体代码如下。

```
cnn_train()
```

任务 4-1-4　模型预测及预测结果

训练完模型后，需要对模型进行预测并得出结果。本实验的预测过程步骤如下：先用 U-Net 神经网络对车牌进行分割，然后用 opencv(cv2) 对车牌位置进行矫正，再用 CNN 神经网络进行字符预测。

1. 用U-Net进行分割和cv2矫正的代码

用于 U-Net 车牌分割后的车牌图片的矫正的代码如下。

```python
# 用 U-Net 进行分割和 cv2 矫正的代码
def unet_predict(unet, img_src_path):
  # 从中文路径读取图片
  img_src = cv2.imdecode(np.fromfile(img_src_path, dtype=np.uint8), -1)
  # img_src.shape 的作用是读取图像的长、宽和通道
  if img_src.shape != (512, 512, 3):
    # dsize=( 宽度 , 高度 ),[:,:,:3] 是防止图片为四通道图片，后续无法重新定义形状
    img_src = cv2.resize(img_src, dsize=(512, 512), interpolation=cv2.
INTER_AREA)[:, :, :3]
  # 预测图片 shape 为 (1,512,512,3)
  img_src = img_src.reshape(1, 512, 512, 3)
  # 归一化除以 255 后进行预测
  img_mask = unet.predict(img_src)
  # 将原图 reshape 为三维
  img_src = img_src.reshape(512, 512, 3)
  # 将预测后的图片 reshape 为三维
  img_mask = img_mask.reshape(512, 512, 3)
  # 归一化后乘以 255
  img_mask = img_mask / np.max(img_mask) * 255
  # 三个通道保持相同
  img_mask[:, :, 2] = img_mask[:, :, 1] = img_mask[:, :, 0]
  # 将 img_mask 类型转换为 int 型
  img_mask = img_mask.astype(np.uint8)
  # 将 img_mask 复制后形成副本图片 img_mask_copy
  img_mask_copy = img_mask.copy()
  # img_src 为 numpy.ndarray 类型，代表原图像
  # img_mask_copy 为 numpy.ndarray 类型，代表二值图像
  return img_src, img_mask_copy

def locate_and_correct(img_src, img_mask):
  """
```

该函数通过 cv2 对 img_mask 进行边缘检测，获取车牌区域的边缘坐标（存储在 contours 中）和最小外接矩形四个端点坐标，再从车牌的边缘坐标中计算出和最小外接矩形四个端点最近的

点，即为平行四边形车牌的四个端点，从而实现车牌的定位和矫正

:paramimg_src：原始图片

:paramimg_mask：通过 U_Net 进行图像分隔得到的二值化图片，车牌区域呈现白色，背景区域为黑色

:return：定位且矫正后的车牌

```
"""
try:
    contours, hierarchy = cv2.findContours(img_mask[:, :, 0], cv2.RETR_
EXTERNAL, cv2.CHAIN_APPROX_SIMPLE)
# 防止 OpenCV 版本不一致报错
except:
    ret, contours, hierarchy = cv2.findContours(img_mask[:, :, 0], cv2.RETR_
EXTERNAL, cv2.CHAIN_APPROX_SIMPLE)
# contours1 长度为 0 说明未检测到车牌
if not len(contours):
    # print(" 未检测到车牌 ")
    return [], []
else:
    Lic_img = []
    # img_src_copy 用于绘制出定位的车牌轮廓
    img_src_copy = img_src.copy()
    for ii, cont in enumerate(contours):
        # 获取最小外接矩形
        x, y, w, h = cv2.boundingRect(cont)
        # 将标签车牌区域截取出来
        img_cut_mask = img_mask[y:y + h, x:x + w]
        # contours 中除了车牌区域外，可能会有宽或高都是 1 或者 2 的小噪点
        # 而待选车牌区域的均值应较高，且宽和高不会非常小
        # 因此通过以下条件进行筛选
        if np.mean(img_cut_mask) >= 75 and w >15 and h >15:
            # 针对坐标点获取带方向角的最小外接矩形、中心点坐标、宽高、旋转角度
            rect = cv2.minAreaRect(cont)
            # 获取最小外接矩形四个顶点坐标
            box = cv2.boxPoints(rect).astype(np.int32)
            cont = cont.reshape(-1, 2).tolist()
            # 由于转换矩阵的两组坐标位置需要一一对应
            # 因此需要将最小外接矩形的坐标进行排序
            # 最终排序为 [ 左上，左下，右上，右下 ]
            # 先按照左右进行排序，分为左侧坐标和右侧坐标
            box = sorted(box, key=lambda xy: xy[0])
            # 此时 box 的前两个是左侧坐标，后两个是右侧坐标
            box_left, box_right = box[:2], box[2:]
            # 再按照上下即 y 进行排序
            # 此时 box_left 中为左上和左下两个端点坐标
            box_left = sorted(box_left, key=lambda x: x[1])
            # 此时 box_right 中为右上和右下两个端点坐标
```

```python
box_right = sorted(box_right, key=lambda x: x[1])
# [ 左上，左下，右上，右下 ]
box = np.array(box_left + box_right)
# 这里的四个坐标即为最小外接矩形的四个坐标
# 接下来需获取平行（或不规则）四边形的坐标
x0, y0 = box[0][0], box[0][1]
x1, y1 = box[1][0], box[1][1]
x2, y2 = box[2][0], box[2][1]
x3, y3 = box[3][0], box[3][1]

def point_to_line_distance(X, Y):
  if x2 - x0:
    # 斜率不为无穷大
    k_up = (y2 - y0) / (x2 - x0)
    d_up = abs(k_up * X - Y + y2 - k_up * x2) / (k_up ** 2 + 1) **
    0.5
  # 斜率无穷大
  else:
    d_up = abs(X - x2)
  if x1 - x3:
    # 斜率不为无穷大
    k_down = (y1 - y3) / (x1 - x3)
    d_down = abs(k_down * X - Y + y1 - k_down * x1) / (k_down **
    2 + 1) ** 0.5
  else:
  # 斜率无穷大
    d_down = abs(X - x1)
  return d_up, d_down

d0, d1, d2, d3 = np.inf, np.inf, np.inf, np.inf
l0, l1, l2, l3 = (x0, y0), (x1, y1), (x2, y2), (x3, y3)
# 计算 cont 中的坐标与矩形四个坐标的距离以及到上下两条直线的距离
# 对距离和进行权重的添加，成功计算选出四边形的四个顶点坐标
for each in cont:
  x, y = each[0], each[1]
  dis0 = (x - x0) ** 2 + (y - y0) ** 2
  dis1 = (x - x1) ** 2 + (y - y1) ** 2
  dis2 = (x - x2) ** 2 + (y - y2) ** 2
  dis3 = (x - x3) ** 2 + (y - y3) ** 2
  d_up, d_down = point_to_line_distance(x, y)
  weight = 0.975
  # 小于则更新
  if weight * d_up + (1 - weight) * dis0 < d0:
    d0 = weight * d_up + (1 - weight) * dis0
    l0 = (x, y)
  if weight * d_down + (1 - weight) * dis1 < d1:
```

```
        d1 = weight * d_down + (1 - weight) * dis1
        l1 = (x, y)
      if weight * d_up + (1 - weight) * dis2 < d2:
        d2 = weight * d_up + (1 - weight) * dis2
        l2 = (x, y)
      if weight * d_down + (1 - weight) * dis3 < d3:
        d3 = weight * d_down + (1 - weight) * dis3
        l3 = (x, y)
  # p0 和 p1 中的坐标顺序对应左上角，左下角，右上角，右下角
  # 以进行转换矩阵的形成
  p0 = np.float32([l0, l1, l2, l3])
  # 所需的长方形
  p1 = np.float32([(0, 0), (0, 80), (240, 0), (240, 80)])
  # 构成转换矩阵
  transform_mat = cv2.getPerspectiveTransform(p0, p1)
  # 进行车牌矫正
  lic = cv2.warpPerspective(img_src, transform_mat, (240, 80))
  # 添加矫正后的车牌
  Lic_img.append(lic)
  # 在 img_src_copy 上绘制出定位的车牌轮廓
  # (0, 255, 0) 表示绘制线条为绿色
  cv2.drawContours(img_src_copy, [np.array([l0, l1, l3, l2])], -1, (0,
  255, 0), 2)
return img_src_copy, Lic_img
```

2. U-Net网络分割车牌区域的代码

```
# 用 U-Net 进行分割和 cv2 矫正的代码
def unet_predict(unet, img_src_path):
  # 从中文路径读取图片
  img_src = cv2.imdecode(np.fromfile(img_src_path, dtype=np.uint8), -1)
  # img_src.shape 的作用是读取图像的长、宽和通道
  if img_src.shape != (512, 512, 3):
    # dsize=( 宽度 , 高度 ),[:,:,:3] 是防止图片为四通道图片，后续无法 reshape
    img_src = cv2.resize(img_src, dsize=(512, 512), interpolation=cv2.
INTER_AREA)[:, :, :3]
  # 预测图片 shape 为 (1,512,512,3)
  img_src = img_src.reshape(1, 512, 512, 3)
  # 归一化除以 255 后进行预测
  img_mask = unet.predict(img_src)
  # 将原图 reshape 为三维
  img_src = img_src.reshape(512, 512, 3)
  # 将预测后的图片 reshape 为三维
  img_mask = img_mask.reshape(512, 512, 3)
  # 归一化后乘以 255
```

```python
    img_mask = img_mask / np.max(img_mask) * 255
    # 三个通道保持相同
    img_mask[:, :, 2] = img_mask[:, :, 1] = img_mask[:, :, 0]
    # 将 img_mask 类型转换为 int 型
    img_mask = img_mask.astype(np.uint8)
    # 将 img_mask 复制后形成副本图片 img_mask_copy
    img_mask_copy = img_mask.copy()
    # img_src 为 numpy.ndarray 类型，代表原图像
    # img_mask_copy 为 numpy.ndarray 类型，代表二值图像
    return img_src, img_mask_copy
```

3. CNN网络的字符预测代码

```python
def cnn_predict(cnn, Lic_img):
    characters = ["京", "沪", "津", "渝", "冀", "晋", "蒙", "辽", "吉",
                  "黑", "苏", "浙", "皖", "闽", "赣", "鲁", "豫","鄂", "湘",
                  "粤", "桂", "琼", "川", "贵", "云", "藏", "陕", "甘",
                  "青", "宁", "新", "0", "1", "2","3", "4", "5", "6", "7",
                  "8", "9", "A", "B", "C", "D", "E", "F", "G", "H", "J",
                  "K", "L", "M","N", "P", "Q", "R", "S", "T", "U", "V",
                  "W", "X", "Y", "Z"]

    Lic_pred = []
    for licinLic_img:
        # 预测形状应为 (1,80,240,3)
        lic_pred = cnn.predict(lic.reshape(1, 80, 240, 3))
        # 列表转为 ndarray, 形状为 (7,65)
        lic_pred = np.array(lic_pred).reshape(7, 65)
        # 统计其中预测概率值大于 80% 以上的个数, 大于等于四个以上认为识别率高, 识别成功
        if len(lic_pred[lic_pred>= 0.8]) >= 4:
            chars = ''
            # 取每行中概率值最大的 arg, 将其转为字符
            for arg in np.argmax(lic_pred, axis=1):
                chars += characters[arg]
            chars = chars[0:2] + '·' + chars[2:]
            # 将车牌和识别结果一并存入 Lic_pred, 如需要可使用以下语句替换
            # Lic_pred.append((lic, chars))
            # 将车牌识别结果存入 Lic_pred
            Lic_pred.append(chars)
    return Lic_pred
```

4. 主程序代码详解

```python
if __name__ == '__main__':
```

```
# 存放 Filterd images 文件夹的路径
test_path = 'E:\\programdata\\CNN\\Filtered images\\3\\'
unet_path = 'unet.h5'
cnn_path = 'cnn.h5'
# 读取路径下的车牌
listdir = os.listdir(test_path)
# 加载车牌分割权重模型 unet.h5 和字符识别权重模型 cnn.h5
unet = keras.models.load_model(unet_path)
cnn = keras.models.load_model(cnn_path)
# 遍历图片
for name in listdir:
    # 获取具体图片的路径
    img_src_path = test_path+name
    # 从中文路径读取图片
    img_src = cv2.imdecode(np.fromfile(img_src_path, dtype=np.uint8),
-1) h, w = img_src.shape[0], img_src.shape[1]
    # 满足该条件说明可能整个图片就是一张车牌，无须定位，直接识别即可
    if h * w <= 240 * 80 and 2 <= w / h <= 5:
    # 直接 resize 为 (240,80)
      lic = cv2.resize(img_src, dsize=(240, 80), interpolation=cv2.INTER_AREA)[:,
:, :3]
      img_src_copy, Lic_img = img_src, [lic]
    # 否则就需通过 U-Net 对 img_src 原图预测，得到 img_mask，实现车牌定位，然后进行
识别
    else:
      img_src, img_mask = unet_predict(unet, img_src_path)
      # 利用 core.py 中的 locate_and_correct() 函数进行车牌定位和矫正
      img_src_copy, Lic_img = locate_and_correct(img_src, img_mask)
    # 利用 CNN 进行车牌的识别预测，Lic_pred 中存储的是元组（车牌图片，识别结果）
    Lic_pred = cnn_predict(cnn, Lic_img)
    # 格式化输出识别结果
    print(f'{name} 的识别结果为 {Lic_pred[0]}')
```

5. 预测结果

按照上述建模、训练、预测的顺序分别建立相应的 py 文件后，就可以依次运行这些
代码文件，最后运行的文件是预测的代码。

此预测过程会用到训练 U-Net 神经网络时生成的权重值文件 unet.h5 和训练 CNN 神
经网络时生成的权重值文件 cnn.h5，两个权重值文件已经提前训练生成在工程文件夹 code
中，因此可直接使用。可以自行选取车牌号对预测图片进行车牌号的预测。

需要说明的是，在训练权重文件时，即运行训练代码（其中会调用网络定义的文
件）时，如果运行成功，即训练好了权重文件，则会出现下述两条语句："unet.h5 保存成
功 !!!" 和 "cnn.h5 保存成功 !!!"。

车牌识别网络
模型预测结果

如果希望提高整个场景的泛化能力和效果，可将CNN部分数据集用真实拍摄的图片代替，然后标注每张图片上面的车牌号码，放到CNN数据集中进行训练。

以上任务的详细操作步骤见电子实验手册（高级）"实验8　违章车牌识别算法实现与应用系统搭建"。

任务 4-2 利用Pycharm平台实现区域车流预测算法

■ 任务目标

- 了解区域车流预测算法所需的数据集类型。
- 了解LSTM、GRU和SAEs算法的网络模型。
- 掌握Pycharm搭建、训练和测试LSTM、GRU和SAEs网络模型。
- 掌握Pycharm编写区域车流预测结果并进行可视化的代码。

■ 任务描述

本任务要针对区域车流预测中的数据进行预处理，利用处理后的数据集实现区域车流预测算法，尽量独立完成LSTM、GRU和SAEs网络模型的搭建、训练和测试过程，并将实验结果进行分析和可视化展示。

■ 任务分析

本任务要求读者能够读懂LSTM、GRU和SAEs网络部分重要代码，并且要求读者能编写其训练代码调整网络参数，并对网络进行训练。同时，读者应能够编写LSTM、GRU和SAEs网络的预测代码，并通过代码可视化地生成预测结果。

知识准备

1. 模型算法基本概念

1）LSTM神经网络概述

全连接神经网络和CNN都只能单独处理单个的输入，且前后的输入之间毫无关系。但是在一些任务中，我们需要更好地处理序列信息，即前后的输入之间存在关系。例如，对于自然语言处理、语音识别、手写体识别等应用样本出现的时间顺序就显得非常重要，为了适应这种需求，就引出了深度学习领域中的另一类十分重要的神经网络——RNN。

LSTM 神经网络是一种循环神经网络，适合处理和预测时间序列中间隔和延迟相对较长的重要事件。LSTM 神经网络是一种特殊的 RNN，是 RNN 的变体，可以学习长期依赖关系。由于梯度的消失，RNN 只能具有短期记忆，而 LSTM 网络通过复杂的门控将短期记忆和长期记忆结合起来，在一定程度上解决了梯度消失的问题。LSTM 神经网络为网络增加了"门"结构，可以使用遗忘门和输出门来缓解消失的梯度问题，这可以使信息有选择地通过。与传统的 RNN 不同，LSTM 神经网络非常适合从经验中学习，因此 LSTM 神经网络比较适合于短时间内的车流量预测任务。

LSTM 与 RNN 的区别就在于在算法中加入了一个判断信息有用与否的处理单元，该处理单元的逻辑结构被称为 cell。

一个 cell 中被放置了三扇门，分别称为输入门、遗忘门和输出门，用来去除或者增加信息到 cell 状态的能力，让信息选择式通过，从而保护和控制 cell 状态。一个信息进入 LSTM 网络中，可以根据规则来判断其是否有用。只有符合算法认证的信息才会留下，不符合的信息则通过遗忘门被遗忘。LSTM 是解决长序依赖问题的有效技术，并且这种技术的普适性非常高，带来的可能性变化也非常多。

2）GRU算法

GRU 是 LSTM 网络的一个变体，其较 LSTM 网络的结构更加简单，而且效果很好，是当前常用的一种网络。GRU 也可以解决 RNN 网络中的长期依赖问题，其将 LSTM 网络中的遗忘门和输入门合成了一个单一的更新门，同时还将 cell 状态和隐藏状态混合，并做了一些其他的改动。与 LSTM 相比，GRU 去除了 cell 状态，使用隐藏状态来进行信息的传递。GRU 只包含两个门，分别是重置门和更新门。

GRU 的两个门控机制的特殊之处在于，它们能够保存长期序列中的信息，且不会随时间而清除或因为与预测不相关而移除。GRU 不会随时间而清除以前的信息，它会保留相关的信息并传递到下一个单元，因此它利用全部信息而避免了梯度消失问题。本项目会将 GRU 也应用于车流量预测，并和 LSTM 算法进行预测效果的比较。

3）SAEs

自动编码器（auto-encoder，AE）是一种试图重构原始输入信号的神经网络，采用无监督的训练方式。本项目中，SAEs 模型底层由栈式自编码器（SAE）构成，用于特征提取，利用无标签数据对每一层参数用无监督的训练初始化；而顶层为一个逻辑回归器，用于车流量预测，利用有标签数据对整个深度学习神经网络进行微调。SAE 由一组 AE 连接构成，整个网络先使用无监督学习方式进行预训练，学习特征，再使用有监督学习方式进行微调，完成对数据的划分。本项目整个网络由三个 SAE 层连接组成，而每个 SAE 由三组 AE 组成。

2. 模型预测效果评估指标概述

1）回归方差

回归方差（explained_variance_score）解释回归模型的方差得分，反映了自变量与因变量之间的相关程度。其取值范围是 [0,1]，越接近于 1 说明自变量越能解释因变量的方差变化，值越小则说明效果越差。

2）平均绝对百分比误差函数

平均绝对百分比误差（mean absolute percent error，MAPE）是一个百分比值，因此比其他统计量更容易理解。例如，若 MAPE 为 18。则表示预测结果较真实结果平均偏离 18 %。MAPE 的值越小，说明预测模型的精确度越好。

3）平均绝对误差

平均绝对误差（mean absolute error，MAE）表示预测值和观测值之间绝对误差的平均值。MAE 的值越小，说明预测模型的精确度越好。

4）均方误差

均方误差（mean-square error，MSE）反映估计量与被估计量之间的差异程度。MSE 的值越小，说明预测模型的精确度越好；值越大，误差也越大。当预测值与真实值完全吻合时，MSE 等于 0。

5）均方根误差

均方根误差 RMSE 是均方误差 MES 的算术平方根，是一个用来衡量预测值同真实值之间偏差的指标。例如 RMSE=20，可以认为回归效果相比真实值平均相差 20。当预测值与真实值完全吻合时，RMSE 等于 0。

6）决定系数

决定系数 R^2 是回归指标 R 的平方值，反映因变量的全部变异能通过回归关系被自变量解释的比例。根据 R^2 的取值，可以判断模型的优劣，其取值范围为 [0,1]。如果结果是 0，说明模型拟合效果很差；如果结果是 1，说明模型无错误。R^2 越大，表示模型拟合效果越好。

任务 4-2-1　车流数据准备及预处理

本任务准备的数据为 2018 年 1 月 18 日—3 月 21 日每天各个时间点的数据，一共一万多条，这里只需使用后一列的真实数据。数据形式如图 4-14 所示，其中第一列是时间，第二列是车流量。

原始的流量数据是一个长度为 n 的一维数据矩阵。本项目中 LSTM 和 GRU 网络的输入层需要三维数据矩阵，SAEs 需要二维数据矩阵输入。因此，需要将一维序列数据重塑为符合要求的数组。

```
time,volumn
2018/1/18 0:30,514
2018/1/18 0:35,490
2018/1/18 0:40,444
2018/1/18 0:45,467
2018/1/18 0:50,483
2018/1/18 0:55,467
2018/1/18 1:00,511
2018/1/18 1:05,473
2018/1/18 1:10,550
2018/1/18 1:15,723
2018/1/18 1:20,821
2018/1/18 1:25,778
```

数据处理需用到 Python 中有关数据处理的 NumPy、Pandas 相关库，还包括 sklearn 中的归一化库 MinMaxScaler，这些库在数据处理前需先导入。NumPy 库是 Python 中的科学计算基础库，包括 N 维数组、线性代数计算、傅里叶变换、随机数等应用；Pandas 库是 Python 中的数据分析库，包括数据导入、整理、处理、分析等。

图 4-14　数据形式

可以使用 reshape() 函数对数据进行重塑。reshape() 函数是 Numpy 中的一个常用函数，用来更改数据的列数和行数，可以在不改变矩阵数值的前提下修改矩阵的形状。reshape（行，列）将数据转换为指定行数和列数的矩阵。例如，reshape(1, –1) 是将数据转换为一行，reshape(–1, 1) 是将数据转换为一列。

进行归一化处理时，首先使用训练集的数据实现一个标准化对象 scaler，然后使用 scaler 分别对训练集与测试集进行标准化，这样处理可增强那些方差非常小的数据，即进行归一化处理可以增强其稳定性。

由于时序预测任务需要使用历史数据对未来数据进行预测，因此使用时间步长 lags 对数据进行划分，将数据处理为可使用形式，最后获得大小为 (samples, lags) 的数据集。此项目中 lags 参数值设置为 12，即每次输入的序列数据由 12 个样本组成。

划分好数据集后需要使用 np.random.shuffle 对数据进行混洗，将数据的顺序打乱，这是因为划分好的数据集在排列顺序上仍然具有时序特性。虽然 Keras 在训练过程中可以选择对数据进行洗牌，但其执行顺序是先对数据进行采样，然后进行洗牌，采样过程仍然是有序的，所以要执行程序，打乱数据。

数据预处理代码示例如下。

```
"""
数据预处理
"""
# 导入 Numpy 库并在代码中简写为 np，用于处理数据
```

```python
import numpy as np
# 导入 Pandas 库并在代码中简写为 pd，用于数据挖掘和数据分析
import pandas as pd
#MinMaxScaler 将属性缩放到一个指定的最小和最大值（通常是 0~1）之间
from sklearn.preprocessing import MinMaxScaler

# 创建处理数据的函数，重塑并拆分训练、测试数据
# 要求参数。train：训练数据文件的名称；test：测试数据文件的名称
# 返回数组：X_train、y_train、X_test、y_test
def process_data(train, test, lags):
  # 车流数据的表头
  attr = 'volumn'
  # 提取一列数据，fillna(0) 指默认值填充为 0
  df1 = pd.read_csv(train, encoding='utf-8').fillna(0)
  df2 = pd.read_csv(test, encoding='utf-8').fillna(0)

  # 将数据进行归一化处理，如不知道 volumn 属性，则自动将其变成 n 行 1 列
  scaler = MinMaxScaler(feature_range=(0, 1)).fit(df1[attr].values.
reshape(-1, 1))
  # 将数据转换成 1 行 n 列的二维数组，取 [0] 是取第一个维度
  flow1 = scaler.transform(df1[attr].values.reshape(-1, 1)).reshape(1, -1)
[0]
  flow2 = scaler.transform(df2[attr].values.reshape(-1, 1)).reshape(1, -1)
[0]

  # 用列表形式储存
  train, test = [], []
  # 虽然特征只有一维，但还是做成 [batch_size,time_step,feature_num] 的形式
  for i in range(lags, len(flow1)):
    train.append(flow1[i - lags: i + 1])
  for i in range(lags, len(flow2)):
    test.append(flow2[i - lags: i + 1])
  # 产生数组
  train = np.array(train)
  test = np.array(test)
  # 对数据进行混洗，打乱数据的顺序
  np.random.shuffle(train)

  # 取所有行，取列到倒数第一列前面的那一列
  x_train = train[:, :-1]
  # 逗号分隔开的前面的 ":" 是取全部的行，逗号后面的 -1 是取最后一列
  y_train = train[:, -1]
  # 取所有行，取列到倒数第一列前面的那一列
  x_test = test[:, :-1]
  # 取所有行的倒数第一列
  y_test = test[:, -1]
```

```
# 返回值
return x_train, y_train, x_test, y_test, scaler
```

任务 4-2-2 算法模型搭建及训练

在完成数据准备及预处理后，根据前面知识准备的内容，开始搭建并训练本任务的网络模型。本项目中的 SAEs 模型底层由栈式自编码器构成，用于特征提取，利用无标签数据对每一层参数用无监督的训练初始化；顶层为一个逻辑回归器，用于车流量预测，利用有标签数据对整个深度学习神经网络进行微调（有监督学习）。下面将分步骤讲解本任务网络模型的搭建和训练。

1. 搭建网络模型

本实验编写 Python 代码，分别搭建 LSTM、GRU 和 SAEs 网络。其中，引入 Activation 层（激活层），用于对一个层的输出施加激活函数；引入 Dropout 层，用于防止过拟合。下面是搭建网络模型的具体代码。

```
from keras.layers import Dense, Dropout, Activation
# 从 Keras.layers 中引入递归层（Recurrent）
# 递归层包含三种模型：LSTM、GRU 和 SimpleRNN
from keras.layers.recurrent import LSTM, GRU
# 从 Keras 神经网络模型中导入序列模型（Sequential）
from keras.models import Sequential

# 定义两个隐藏的 LSTM 网络
def get_lstm(units):
"""LSTM（长短期记忆）
建立 LSTM 模型
# 参数单位：列表类型，包括输入层、输出层和隐藏层单元数量
# 返回模型：通用模型 Model 使用 LSTM 神经网络模型
    """
    # 定义模型为序列模型 Sequential
    model = Sequential()
    # 定义第一层隐藏层，确定输入维度
    model.add(LSTM(units[1], input_shape=(units[0], 1), return_sequences=True))
    # 第二层
    model.add(LSTM(units[2]))
    # 在隐藏层和输出层之间加入一层 Dropout
    # 丢弃率设为 20%，即每轮迭代时每五个输入值就会被随机抛弃一个
    model.add(Dropout(0.2))
    # 定义输出层，激活函数为 sigmoid 函数
    model.add(Dense(units[3], activation='sigmoid'))

    return model
```

```
# 定义两个隐层的 GRU 网络
def get_gru(units):
  # 定义模型为序列模型 Sequential
  model = Sequential()
  # 定义第一层隐藏层，确定输入维度
  model.add(GRU(units[1], input_shape=(units[0], 1), return_
sequences=True))
  # 第二层隐藏层
  model.add(GRU(units[2]))
  # 在隐藏层和输出层之间加入一层 Dropout
  # 丢弃率设为 20%，即每轮迭代时每五个输入值就会被随机抛弃一个
  model.add(Dropout(0.2))
  # 定义输出层，激活函数为 sigmoid 函数
  model.add(Dense(units[3], activation='sigmoid'))

  return model


# 构建自动编码器模型
def _get_sae(inputs, hidden, output):
  # 定义模型为序列模型 Sequential
  model = Sequential()
  # 定义输入层、隐藏层，确定输入维度
  model.add(Dense(hidden, input_dim=inputs, name='hidden'))
  # 激活函数为 sigmoid 函数
  model.add(Activation('sigmoid'))
  # 在隐藏层和输出层之间加入一层 Dropout，丢弃率设为 20%
  model.add(Dropout(0.2))
  # 定义输出层，激活函数为 sigmoid 函数
  model.add(Dense(output, activation='sigmoid'))

  return model


# 构建三个单独的自动编码器，并按照相同的隐层结构构建一个三层的 SAEs
def get_saes(layers):
  # 构建三个单独的自动编码器
  sae1 = _get_sae(layers[0], layers[1], layers[-1])
  sae2 = _get_sae(layers[1], layers[2], layers[-1])
  sae3 = _get_sae(layers[2], layers[3], layers[-1])

  # 构建一个三层的 SAEs
  saes = Sequential()
  # 定义第一层隐藏层，确定输入维度
  saes.add(Dense(layers[1], input_dim=layers[0], name='hidden1'))
  # 定义激活函数为 sigmoid 函数
  saes.add(Activation('sigmoid'))
```

```
# 第二层隐藏层
saes.add(Dense(layers[2], name='hidden2'))
# 定义激活函数为 sigmoid 函数
saes.add(Activation('sigmoid'))
# 第三层隐藏层
saes.add(Dense(layers[3], name='hidden3'))
# 定义激活函数为 sigmoid 函数
saes.add(Activation('sigmoid'))
# 在隐藏层和输出层之间加入一层 Dropout，丢弃率设为 20%
saes.add(Dropout(0.2))
# 定义输出层，激活函数为 sigmoid 函数
saes.add(Dense(layers[4], activation='sigmoid'))
# 所有 SAE 的中间隐层连接起来组成一个 SAEs 网络
models = [sae1, sae2, sae3, saes]

return models
```

2. 训练网络模型

根据知识准备的内容，LSTM、GRU 按照正常的 RNN 网络进行训练，使用自定义的 train_model() 函数进行训练。SAEs 网络则是多个 SAE 网络分别训练，第一个 SAE 网络训练完之后，其输出作为第二个 SAE 网络的输入，继续进行训练；训练完成后将所有 SAE 网络的中间隐层连接起来，组成一个 SAEs 网络，使用之前的权值作为初始化权值，再对整个网络进行微调。下面将分步骤讲解网络模型的训练。

1）导入程序运行所需的库

从 Keras 神经网络模型中导入通用模型 Model。在 Keras 中有两种深度学习模型：序列模型（sequential）和通用模型（model），二者差异在于不同的拓扑结构。其中，通用模型可以设计非常复杂的、任意拓扑结构的神经网络，能够比较灵活地构造网络结构，设定各层级的关系；序列模型只能依次线性逐层添加，设计网络模型时不够灵活。

具体代码如下。

```
# 导入 sys，sys 模块包含与 Python 解释器和其环境有关的函数
import sys
# 导入 warnings 库，可以利用过滤器实现忽略告警
import warnings
# 导入 argparse，它是 Python 内置的一个用于命令项选项与参数解析的模块
# 通过在程序中定义好需要的参数
#argparse 将会从 sys.argv 中解析出这些参数，并自动生成帮助和使用信息
import argparse
# 导入 Numpy 库并在代码中简写为 np，用于处理数据
import numpy as np
# 导入 Pandas 库并在代码中简写为 pd，用于数据挖掘和数据分析
import pandas as pd
```

```
# 从创建的 data 模块中导入 process_data 函数
from data.data import process_data
# 从 model 模块中导入 model
from model import model
# 从 Keras 神经网络模型中导入通用模型 Model
from keras.models import Model
# 通过警告过滤器控制是否发出警告消息
warnings.filter warnings("ignore")
# 导入 os 标准库，os 模块提供了非常丰富的方法用来处理文件和目录
import os
# 按照 PCI_BUS_ID 顺序从 0 开始排列 GPU 设备
os.environ["CUDA_DEVICE_ORDER"] = "PCI_BUS_ID"
# 定义不使用 GPU 运行程序，而是使用 CPU
os.environ["CUDA_VISIBLE_DEVICES"] = "-1"
```

2）创建模型训练函数

训练单个模型时的参数如下。

- model：通用模型Model，要训练的神经网络模型。
- x_train：n维数组，输入训练的数据。
- y_train：n维数组，训练的结果数据。
- name：字符串，模型的名称。
- config：Dict，训练的参数。

具体代码如下。

```
def train_model(model, x_train, y_train, name, config):
    """
在训练模型之前，需要通过 compile 对学习过程进行配置。compile 接收三个参数，其
中 optimizer 是指定的 keras 模型中已预定义的优化器名，如 rmsprop、adagrad，或一个
Optimizer 类的对象。
损失函数 loss 为最小化目标函数，为预定义的损失函数名，如 categorical_crossentropy、
mse，也可以为一个损失函数。指标列表 metrics，对分类问题，其一般设置为
metrics=['accuracy']。
指标可以是一个预定义指标的名字，也可以是一个用户定制的函数。指标函数应该返回单个张量，
或一个完成 metric_name - >metric_value 映射的字典
    """
    model.compile(loss="mse", optimizer="rmsprop", metrics=['mape'])
    # batch_size 是每次梯度更新的样本数，epochs 是训练模型迭代次数
    # validation_split 是浮点数在 0~1，用作验证集的训练数据的比例
    # 模型将分出一部分不会被训练的验证数据
    # 并将在每一轮结束时评估这些验证数据的误差和任何其他模型指标
    # 验证数据来源于 x_train 和 y_train 数据在进行数据混淆前的最后一部分样本中
    hist = model.fit(x_train, y_train,
    batch_size=config["batch"],
    epochs=config["epochs"],
```

```
validation_split=0.05)    # 数据集的 5% 用于验证，95% 用于训练
# 将训练好的模型保存在 model 文件夹中
model.save('model/' + name + '.h5')
# 将 dict 转换为 DataFrame 对象
df = pd.DataFrame.from_dict(hist.history)
# 将数据写入 csv 文件，index 表示是否保存索引
df.to_csv('model/' + name + 'loss.csv', encoding='utf-8', index=False)
```

3）创建SAEs模型训练函数

SAE 模型训练函数的参数如下。

- model：列表，SAE模型列表。
- X_train：数组，输入训练的数据。
- y_train：数组，训练的结果数据。
- name：字符串格式，模型名称。
- config：网络训练的参数。

具体代码如下。

```
def train_seas(models, x_train, y_train, name, config):
  temp = x_train
  # 逐层训练模型，保存训练权重
  for i in range(len(models) - 1):
    if i>0:
      p = models[i - 1]
      # 隐藏层模型训练
      hidden_layer_model = Model(input=p.input,
    output=p.get_layer('hidden').output)
      # 训练后返回预测结果，是标签值
      temp = hidden_layer_model.predict(temp)

    m = models[i]
    m.compile(loss="mse", optimizer="rmsprop", metrics=['mape'])
    # 模型运行函数 m.fit()，设置训练参数
    m.fit(temp, y_train, batch_size=config["batch"],
      epochs=config["epochs"],
      validation_split=0.05)

    models[i] = m
  # 训练顶层模型
  saes = models[-1]
  for i in range(len(models) - 1):
    # 隐层权重值，返回该层的权重（numpy array）
    weights = models[i].get_layer('hidden').get_weights()
    # 将权重加载到该层
```

```
    saes.get_layer('hidden%d' % (i + 1)).set_weights(weights)
    # 训练 SAEs 网络模型
    train_model(saes, x_train, y_train, name, config)
```

4）构建主函数

具体代码如下。

```
def main(argv):
    # 创建 ArgumentParser 对象，将命令解析成 Python 数据类型所需的信息
    parser = argparse.ArgumentParser()
    # 添加参数，可通过改变 default 值 (lstm,gru,saes) 训练出不同模型
    parser.add_argument(
        "--model",
        default="lstm",
        help="Model to train.")
    # 解析参数
    args = parser.parse_args()
    # 时滞长度为 1h
    lag = 12
    # 表示每 batch 个样本更新一次参数，epochs 是最大迭代次数
    config = {"batch": 256, "epochs": 600}
    # 数据文件路径
    file1 = 'data/100211data/100211_all_train.csv'
    file2 = 'data/100211data/100211_all_test.csv'
    # 载入数据
    x_train, y_train, _, _, _ = process_data(file1, file2, lag)

    # 训练模型
    if args.model == 'lstm':
        #LSTM 是整个 Recurrent 层实现的一个具体类
        # 它需要的输入数据维度是形如（samples，timesteps，input_dim）的 3D 张量
        x_train = np.reshape(x_train, (x_train.shape[0], x_train.shape[1], 1))
        # 加载模型训练参数
        m = model.get_lstm([12, 64, 64, 1])
        # 训练模型
        train_model(m, x_train, y_train, args.model, config)
    if args.model == 'gru':
        # 设置数据输入形式
        x_train = np.reshape(x_train, (x_train.shape[0], x_train.shape[1], 1))
        # 加载模型训练参数
        m = model.get_gru([12, 64, 64, 1])
        train_model(m, x_train, y_train, args.model, config)
    if args.model == 'saes':
```

```
    # 设置数据输入形式
    x_train = np.reshape(x_train, (x_train.shape[0], x_train.shape[1]))
    # 加载模型训练参数
    m = model.get_saes([12, 400, 400, 400, 1])
    # 训练模型
    train_seas(m, x_train, y_train, args.model, config)
if__name__== '__main__':
    main(sys.argv)
```

5）训练模型

实验代码资源中已经给出了训练好的模型，右击程序区域，在弹出的快捷菜单中选择【Run 'train'】命令，即可运行程序进行训练，如图 4-15 所示。

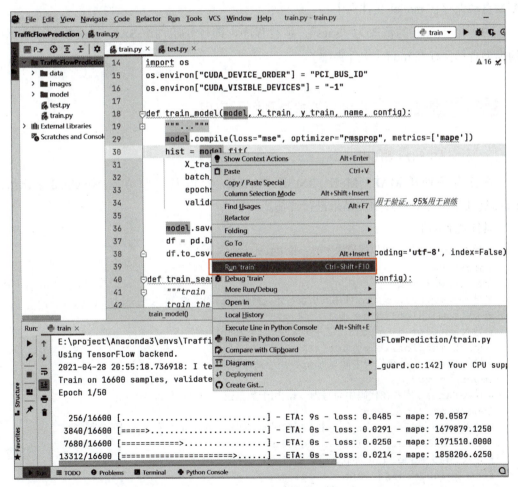

图 4-15　程序训练

如果想训练自己的模型，可以通过修改代码逐次训练三个算法，得出不同算法的模型。修改 train.py 程序中的第 80 行代码，代码位置如图 4-16 所示。

（1）将 default 的值改为"lstm"，运行程序，即可开始训练 LSTM 算法模型，训练好的模型自动保存在 model 文件夹中。

```
76  def main(argv):
77      parser = argparse.ArgumentParser()#指定程序需要接收的命令参数
78      parser.add_argument(
79          "--model",
80          default="lstm",
81          help="Model to train.")
82      args = parser.parse_args()
```

图 4-16　代码修改位置

（2）将 default 的值改为"gru"，运行程序，即可开始训练 GRU 算法模型，训练好的模型自动保存在 model 文件夹中。

（3）将 default 的值改为"saes"，运行程序，即可开始训练 SAEs 算法模型，训练好的模型自动保存在 model 文件夹中。

任务 4-2-3　车流预测算法模型预测及应用

1. 网络模型的预测代码

本任务中使用 MAE、MSE、RMSE、MAPE、R^2 以及回归方差 explained_variance_score 这几个指标对回归预测结果进行评估。

具体代码如下。

```
# 导入 math 模块，可以用模块中的一些函数进行数学运算
import math
import warnings
# 导入 matplotlib 包，使用其中已经定义好的方法和函数
import matplotlib as mpl
# 导入 matplotlib.pyplot 包并简写为 plt，用作绘图
import matplotlib.pyplot as plt
# 导入 Numpy 库并在代码中简写为 np，用于处理数据
import numpy as np
# 导入 Pandas 库并在代码中简写为 pd，用于数据挖掘和数据分析
import pandas as pd
# 导入 sklearn.metrics 包，用于指标评价，即检验机器学习模型效果的定量指标
import sklearn.metrics as metrics
# 导入 load_model 包，加载含有参数的自定义模型
from keras.models import load_model
# 导入 plot_model 包，绘制网络模型图
from keras.utils.vis_utils import plot_model
# 从创建的 data 模块中导入 process_data 函数
from data.data import process_data
```

```
# 通过警告过滤器控制是否发出警告消息
warnings.filterwarnings("ignore")

# 定义 MAPE 函数，其中 y_ture 是实际数据，y_pred 是预测数据
def MAPE(y_true, y_pred):
    # 计算真实值 y，分母不能为 0
    y = [x for x in y_trueifx >0]
    # 计算预测值，分母不能为 0
    y_pred = [y_pred[i] for i inrange(len(y_true)) if y_true[i] >0]

    num = len(y_pred)
    sums = 0

    for i in range(num):
```

```
        # 计算 [ (ŷ - yᵢ) / yᵢ ]
```

```
        tmp = abs(y[i] - y_pred[i]) / y[i]
        # 求和
        sums += tmp
    # 根据公式和所求参数求出 mape 指标值
    mape = sums * (100 / num)
    # 返回值
    return mape

# 构建预测结果评估函数，其中 y_ture 是实际数据，y_pred 是预测数据
def eva_regress(y_true, y_pred):
    # 调用构建的 MAPE 函数，计算 mape 评估指标值
    mape = MAPE(y_true, y_pred)
    # explained_variance_score 是回归方差（反映自变量与因变量之间的相关程度）
    vs = metrics.explained_variance_score(y_true, y_pred)
    # mae 表示预测值和观测值之间绝对误差的平均值
    mae = metrics.mean_absolute_error(y_true, y_pred)
    # mse 反映估计量与被估计量之间的差异程度
    mse = metrics.mean_squared_error(y_true, y_pred)
    # R² 的值越高，说明模型越好
    # 反映因变量的全部变异能通过回归关系被自变量解释的比例
    r2 = metrics.r2_score(y_true, y_pred)
    # 输出回归方差 vs 值
    print('explained_variance_score:%f' % vs)
    # 输出 mape 值
    print('mape:%f%%' % mape)
    # 输出 mae 值
    print('mae:%f' % mae)
    # 输出 mse 值
    print('mse:%f' % mse)
    # 输出 rmse 值
    print('rmse:%f' % math.sqrt(mse))
```

```python
# 输出 R² 值
print('r2:%f' % r2)

# 定义绘制预测结果对比图像函数
def plot_results(y_true, y_preds, names):
    # 定义参数 d 为起始时间
    d = '2018-04-03 00:00'
    # 生成一个固定频率的时间索引，作为图形的横轴
    # 在调用构造方法时，必须指定 start、end、periods 中的两个参数值
    # periods 为固定时期为 freq 为日期偏移量
    x = pd.date_range(d, periods=len(y_true), freq='5min')
    # 新建 figure 对象
    fig = plt.figure()
    # 新建子图 1,1*1 网格
    ax = fig.add_subplot(111)
    # 绘制真实值图像，标签设置为 True Data
    ax.plot(x, y_true, label='True Data')
    # 绘制不同模型预测值图像，并设置标签
    for name, y_predinzip(names, y_preds):
        ax.plot(x, y_pred, label=name)
    # 给图加上图例
    plt.legend()
    # 生成网格
    plt.grid(True)
    # 设置横坐标标题
    plt.xlabel('Time of Day')
    # 设置纵坐标标题
    plt.ylabel('Volumns')
    # 设置日期格式
    date_format = mpl.dates.DateFormatter("%H:%M")
    # 配置横坐标主刻度格式
    ax.xaxis.set_major_formatter(date_format)
    # 改变 x 轴坐标的显示方式，可以斜着表示，不用平着挤一起
    fig.autofmt_xdate()
    # plt.show()
    # 保存图像
    plt.savefig("images/pre_weekend_time.jpg")

def main():
    # 将训练好的模型放到指定文件夹，导入 lstm 模型
    lstm = load_model('model/100211_all/lstm.h5')
    # 将训练好的模型放到指定文件夹，导入 gru 模型
    gru = load_model('model/100211_all/gru.h5')
    # 将训练好的模型放到指定文件夹，导入 saes 模型
    saes = load_model('model/100211_all/saes.h5')
    # 可同时比较所有模型预测结果，也可单独比较，只需改变 models 和 names 值即可
    models = [lstm, gru, saes]
    names = ['LSTM', 'GRU', 'SAEs']
    lag = 12
```

```
# 数据文件路径
file1 = 'data/100211data/100211_weekend_train.csv'
file2 = 'data/100211data/100211_weekend_test.csv'
# 导入预处理好的数据
_, _, x_test, y_test, scaler = process_data(file1, file2, lag)
# 将标准化后的真实数据转换为原始数据，并改变输出数组格式
y_test = scaler.inverse_transform(y_test.reshape(-1, 1)).reshape(1,
-1)[0]
# 设置一个列表，用来存放预测值信息
y_preds = []
for name, model in zip(names, models):
# 因为 LSTM、GRU 和 SAEs 要求的数据不同，所以要分开改变数据
  if name == 'SAEs':
    x_test = np.reshape(x_test, (x_test.shape[0], x_test.shape[1]))
  else:
    # 因为 LSTM、GRU 需要将数据扩充成三维
    X_test = np.reshape(x_test, (x_test.shape[0], x_test.shape[1], 1))
    # 网络模型图保存位置及命名
    file = 'images/' + name + '.png'
    # 使用 plot_model 绘制网络模型图
    plot_model(model, to_file=file, show_shapes=True)
    # 调用预测函数预测数值
    predicted = model.predict(x_test)
    # 将标准化后的预测数据转换为原始数据，并改变输出数组格式
    predicted = scaler.inverse_transform(predicted.reshape(-1, 1)).
     reshape(1, -1)[0]
    # 将预测值数据添加到列表末尾
    y_preds.append(predicted[0:288])
    print(name)
    # 调用自己构造的预测结果评估函数
    eva_regress(y_test, predicted)
  # 调用自己构造的预测结果绘图函数
  plot_results(y_test[0:288], y_preds, names)

# 程序入口
if__name__ == '__main__':
  main()
```

2. 网络模型的预测结果

（1）如图 4-17 所示，在要运行的代码界面右击，在弹出的快捷菜单中选择【Run 'test'】命令，即可运行该部分代码。预测产生的结果存放在代码资源文件下的 images 文件夹中。

（2）使用 LSTM、GRU、SAEs 三个算法分别进行训练，并得出对应模型；利用训练好的模型对一天中的车流量进行预测，得出预测的结果对比情况。

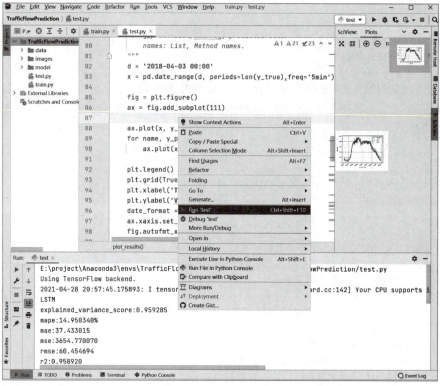

图 4-17　运行代码

本任务 LSTM 算法训练出的模型在工作日的车流预测效果如图 4-18 所示。

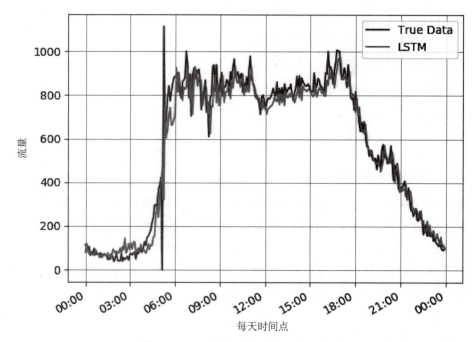

图 4-18　LSTM 算法预测工作日的车流效果

本任务 LSTM 算法训练出的模型在周末的车流预测效果如图 4-19 所示。

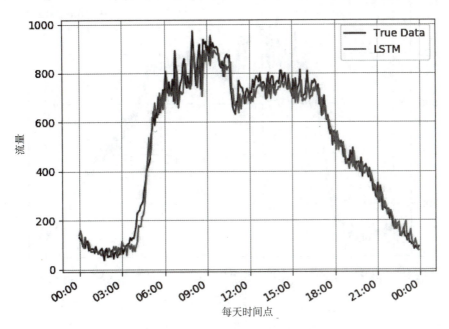

图 4-19 LSTM 算法预测周末的车流效果

本任务 GRU 算法训练出的模型在工作日的车流预测效果如图 4-20 所示。

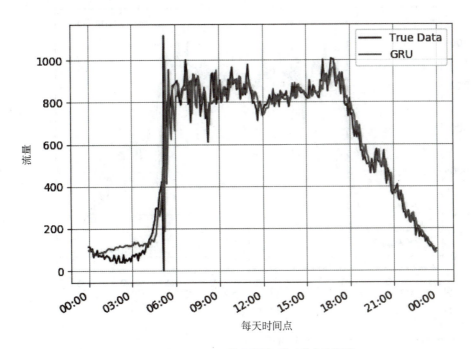

图 4-20 GRU 算法预测工作日的车流效果

本任务 GRU 算法训练出的模型在周末的车流预测效果如图 4-21 所示。

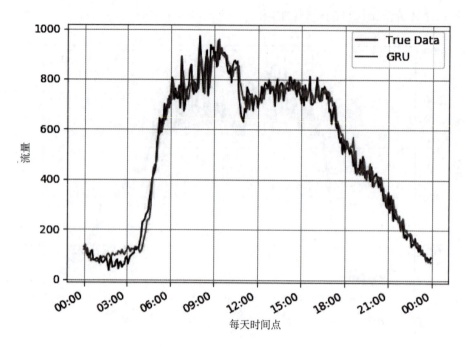

图 4-21　GRU 算法预测周末的车流效果

本任务 SAEs 算法训练出的模型在工作日的车流预测效果如图 4-22 所示。

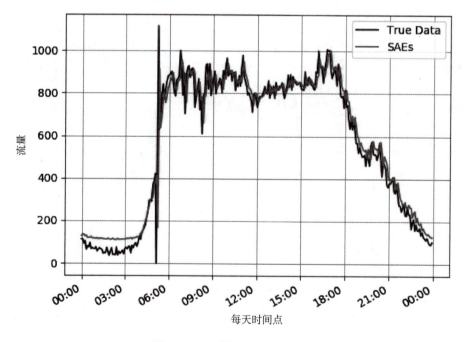

图 4-22　SAEs 算法预测工作日的车流效果

本任务 SAEs 算法训练出的模型在周末的车流预测效果如图 4-23 所示。

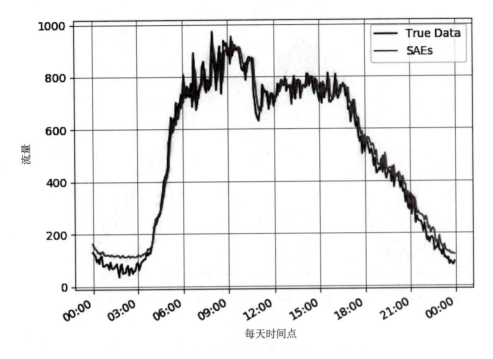

图 4-23 SAEs 算法预测周末的车流效果

本任务三种算法训练出的模型在工作日的车流预测效果对比如图 4-24 所示。

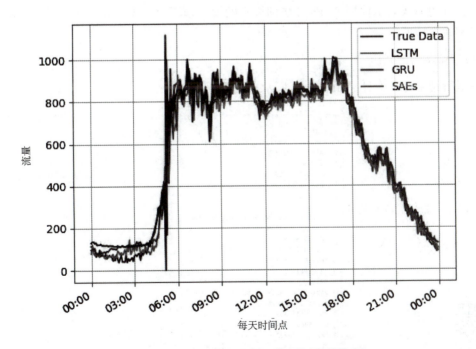

图 4-24 三种算法预测在工作日的车流效果对比

本任务三种算法训练出的模型在周末的车流预测效果对比如图 4-25 所示。

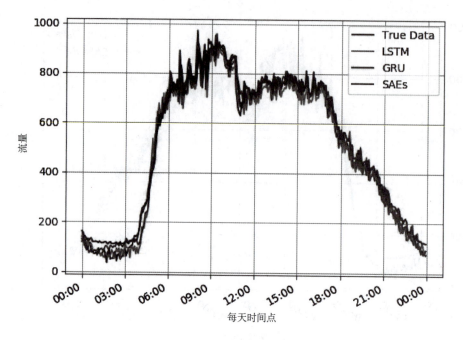

图 4-25　三种算法预测在周末的车流效果对比

在三种算法预测效果对比图中，蓝色曲线代表当前时间真实的车流量，黄色曲线代表使用 LSTM 算法训练出的模型预测的结果，绿色曲线代表使用 GRU 算法训练出的模型预测的结果，红色曲线表示使用 SAEs 算法训练出的模型预测的结果，可以看出预测结果和真实情况都非常接近。

3. 模型预测精度对比

程序运行结果（工作日）如图 4-26 所示。

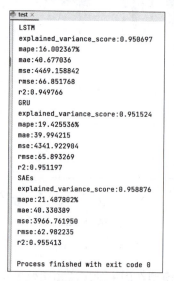

车流预测算法
模型预测结果

图 4-26　程序运行结果（工作日）

如表 4-1 所示，可以方便纵向比较三个不同模型的精度。

表 4-1　LSTM、GRU、SAEs 模型预测精度对比

评估指标	explained_variance_score	MAPE	MAE	MSE	RMSE	R^2
LSTM	0.950697	16.00%	40.6770	4469.16	66.85	0.949766
GRU	0.951524	19.43%	39.9942	4341.92	65.89	0.951197
SAEs	0.958876	21.49%	40.3304	3966.76	62.98	0.955413

从上述比较分析可以看出，LSTM 是 RNN 的一个优秀的变种模型，继承了大部分 RNN 模型的特性，同时解决了梯度反向传播过程由于逐步缩减而产生的"梯度消失"问题。具体到语言处理任务中，LSTM 非常适合用于处理与时间序列高度相关的问题，如机器翻译、对话生成等。GRU 又是 LSTM 的一种变体，在实际应用中使用也比较广泛，效果也很好。

以上任务的详细操作过程见电子实验手册（高级）"实验 7　车流预测"。

◆　**项目总结**　◆

本项目借助 Pycharm 开发平台，利用不同种类的神经网络算法，从模型搭建、训练、预测、可视化输出结果四个方面完整模拟了违章车牌识别和区域车流预测两种不同的场景应用。在违章车牌识别任务中，通过 U-Net 和 CNN 网络对违章车牌进行识别，让读者能够熟练地使用 Pycharm 软件工具并了解算法应用的流程，包括使用 Anaconda、Labelme 标注工具对数据集进行创建、标注等。

在区域车流预测任务中，通过 LSTM、GRU、SAEs 三种深度学习神经网络分别对一天中的车流量进行了预测，最后将预测结果与实际情况进行了对比。在分类问题上，目前看来以 CNN 为代表的前馈网络依然有着性能上的优势，但是 LSTM 在长远的更为复杂的任务上的潜力是 CNN 无法媲美的，它更真实地表征或模拟了人类行为、逻辑发展和神经组织的认知过程。基于 LSTM 的系统可以学习翻译语言、控制机器人、图像分析、文档摘要、语音识别、图像识别、手写识别、控制聊天机器人、预测疾病、合成音乐等任务。LSTM 已经成为 RNN 甚至深度学习框架中非常重要的研究模型，并且已经在很多前沿领域应用。

本项目帮助读者了解神经网络的基本结构以及网络模型的搭建过程，让读者学习到如何使用深度学习算法开发一个人工智能项目。本项目较项目 4 难度有所提升，代码难度略有加强，可为读者今后进一步地学习人工智能算法并应用于复杂的综合项目打下基础。

练习题

1.（单选题）下列对 GRU 算法描述不正确的是（　　　）。

　　A. 只包含两个门，分别是重置门和更新门

　　B. 能够保存长期序列中的信息

　　C. 随时间清除以前的信息

　　D. GRU 是 LSTM 网络的一个变体

2.（单选题）自动编码器是一种（　　　）算法，可以试图重构原始输入信号的一种神经网络。

　　A. 无监督学习　　　　　　　　　　B. 监督学习

　　C. 半监督学习　　　　　　　　　　D. 强化学习

3.（单选题）U-Net 是用于（　　　）的一种全卷积网络。

　　A. 语义分割　　　　　　　　　　　B. 目标检测

　　C. 文字识别　　　　　　　　　　　D. 语义识别

4.（多选题）LSTM 神经网络的"门"结构包括（　　　）。

　　A. 输入门　　　　　　　　　　　　B. 遗忘门

　　C. 级联门　　　　　　　　　　　　D. 输出门

　　E. 传输门

5.（判断题）全连接神经网络和 CNN 网络可以处理序列信息。（　　　）

项目5

深度学习算法模型设计及应用
——以城市管理场景为例

 项目概述

1. 项目背景

城市大脑平台围绕城市治理的各类应用场景，以人为中心、以事件管理为手段、以智能技术为工具，基于对城市人、物、事件的全面动态感知推进城市数据的智能采集，以创新的智慧应用为依托，解决城市治理场景的实际困难，重塑城市治理模式，提升市民体验。除了在前面提到的交通、应急、城市管理和建设安全等应用场景外，城市大脑平台在违法建设监测场景中也发挥着日益重要的作用。

非法占用土地建盖或加盖违章建筑等违法建设行为严重影响了城市的市容市貌。常规的违法建设监测主要是通过政府成立的相关执法部门的人工巡查和群众举报，但对于大范围的检测区域，通过人力巡查难免出现纰漏，无法应查尽查。通过人工智能技术结合卫星、飞机、无人机等自动化工具对地表进行全面观测和巡查违章建筑逐步成为代替人工监测的主要技术手段。

本项目基于人工智能图像识别技术模拟实现的违章建筑管理监测功能可用于对违章建筑实时、高效、大范围的监测。本项目将基于 YOLOv3 目标识别检测算法完成对单张图片、批量图片检测其是否有违章建筑的功能模拟。

2. 项目架构

本项目在 Pycharm 环境中完成，首先，通过 LabelImg 标注工具对批量违章建筑数据集进行标注；其次，通过编写 Python 代码搭建 YOLOv3 网络，并用标注好的数据集训练 YOLOv3 网络；最后，通过编写预测代码，实现对单张图片、批量图片中违章建筑的检测。通过本项目的学习，读者可以了解 YOLOv3 模型的搭建原理及 YOLOv3 算法的应用特点，学会编写 YOLOv3 模型训练和预测代码。

3. 项目知识

本项目使用 LabelImg 软件进行数据标注，在任务 5-1 中简单介绍了 LabelImg 的使用方法；在任务 5-2 中主要介绍 YOLOv3 网络的基础知识，但并不要求读者能够编写 YOLOv3 网络的内部实现代码。

 学习目标

1. 知识目标

- 了解违章建筑检测算法项目数据的基本要求。
- 了解 YOLOv3 算法的网络模型架构。
- 了解 YOLOv3 算法的特点。
- 了解项目数据标注的知识。

2. 技能目标

- 能够掌握违章建筑检测算法的实现。
- 能够使用 LabelImg 标注工具对项目数据集进行标注。
- 能够使用 Pycharm 编写 YOLOv3 算法的框架。
- 能够使用 Pycharm 编写 YOLOv3 的训练、预测代码。

项目导图

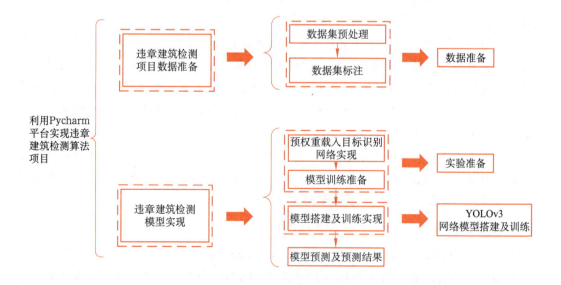

任务 5-1　违章建筑检测项目数据准备

■ 任务目标

- 了解项目所需数据的要求。
- 掌握LabelImg标注工具对数据进行标注的步骤。

■ 任务描述

准备违章建筑检测项目所需的数据，独立完成数据集标注步骤。

■ 任务分析

通过互联网搜索含有违章建筑的开源数据集，保存至本地，作为用于标注的原始数据。首先，对数据进行预处理，统一数据集中图片的大小、名称；然后，使用LabelImg标注工具对原始数据进行标注，生成数据标签，用于YOLOv3网络训练学习。

 知识准备

要对图片数据进行相应的标注，需要使用具体的标注软件。市面上的标注软件主要有 Labelme 和 LabelImg 两种，本项目使用 LabelImg 软件进行数据标注。LabelImg 软件是一个可执行软件，它以 .exe 文件的形式存在，不用通过命令行安装，也不用通过命令行打开，直接双击打开即可。打开 LabelImg 后，LabelImg 界面如图 5-1 所示。

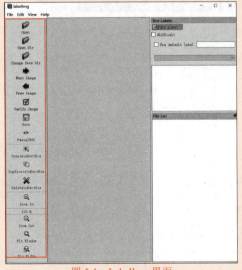

图 5-1　LabelImg 界面

从图 5-1 中可以看到，在主界面左侧有一列选项，其中 Open 是打开一张需要标注的图片，Open Dir 是打开需要处理的图片文件夹，Change Save Dir 是选择图片标注完成后生成的 XML 文件存放的位置，Next Image 是选择下一张图片，Prev Image 是选择上一张图片，Save 是保存图片，Create\nRectBox 是选择画框标注的按键，Duplicate\nRectBox 是复制任意画好的标注，Delete\nRectBox 是删除一个标注，Zoom In 是放大。

任务 5-1-1　违章建筑数据集预处理

本项目中的原始数据集是违章建筑识别项目的基础文件，通过 YOLOv3 算法挖掘数据中的特征，然后进行训练提取特征，进而生成模型权重文件，实现违章建筑识别。然而，YOLOv3 算法不能直接识别图片文件，只有通过 LabelImg 标注工具标注图片后生成相应的 XML 文件，YOLOv3 算法使用这些 XML 文件进行模型训练，最终形成模型权重文件，才能实现目标识别预测。但是，原始的数据集中图片大小不一、文件名不统一，导致标注完成后的 XML 文件难以被 YOLOv3 网络直接使用。因此，在开始标注之前，需要先对图片进行预处理，统一图片大小、名称等。下面分步骤讲解数据集预处理。

（1）首先，在 LabelImg 文件中修改源码文件 data/predefined_classes.txt，以修改类别，将默认类别换成违章建筑的类别信息，分别为 gre（违章棚房）、pla（塑料板房）、blu（蓝色钢板房）和 old（劣质或老旧铁皮房），如图 5-2 所示。

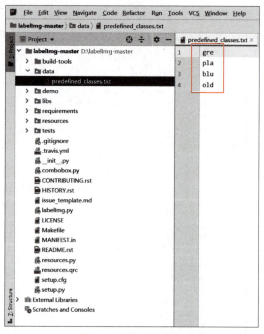

图 5-2　标记类别信息

（2）待处理的图片需先通过 Python 进行相关基础处理，如批量统一命名、规划大小等。具体代码如下。

```
import os
import cv2
''' 设置图片路径，该路径下包含 15 张 .jpg 格式的图片，名字依次为 0.jpg、1.jpg、
2.jpg、…、14.jpg'''
DATADIR=r'image'
''' 设置目标像素大小，此处设为 300'''
IMG_SIZE1=300
IMG_SIZE2=300

''' 使用 os.path 模块的 join() 方法生成路径 '''
path=os.path.join(DATADIR)
''' 使用 os.listdir(path) 函数，返回 path 路径下所有文件的名字以及文件夹的名字
例如，执行下行代码后，img_list 是一个 list，值为 ['0.jpg','1.jpg','10.jpg','11.
jpg','12.jpg','13.jpg','14.jpg','2.jpg','3.jpg','4.jg', '5.jpg',
'6.jpg','7.jpg', '8.jpg', '9.jpg']，注意该列表并没有按照从小到大的顺序排列 '''
img_list=os.listdir(path)
ind=0
for i in img_list:
  ''' 调用 cv2.imread 读入图片，读入格式为 IMREAD_COLOR'''
  img_array=cv2.imread(os.path.join(path,i),cv2.IMREAD_COLOR)
  ''' 调用 cv2.resize 函数重新调整图片大小 '''
  new_array=cv2.resize(img_array,(IMG_SIZE1,IMG_SIZE2))
  # 如果只重命名就注释掉这行，并且第 28 行的 new 换成 img
  img_name=str(ind)+'.jpg'
    ''' 生成图片存储的目标路径 '''
  save_path=r'resize\fire'+str(ind)+'.jpg'
  #save_path = r'resize\dangerous-vehicle' + '2' + '.jpg'
  ind=ind+1
  ''' 调用 cv.2 的 imwrite 函数保存图片 '''
  cv2.imwrite(save_path,new_array)
```

任务 5-1-2　违章建筑数据集标注

在完成数据集的预处理后，即可进行数据集的标注。目标检测中，原始图片的标注过程非常重要，它的作用是在原始图像中标注目标物体位置，并对每张图片生成相应的 XML 文件以表示目标标注框的位置。LabelImg 工具不仅可以对同一张图片中多个同类和不同类的目标进行标注，并且其标注完成能直接生成对应的 XML 文件。

针对本项目的数据集标注步骤如下。

（1）通过 LabelImge 标注工具工作界面的 Open Dir 选择待标注图片所在的文件夹（对于单张图片标注可通过 Open 来选择），再通过 Change Save Dir 选择标注完成后生成 XML 文件的保存路径。选择好后，LabelImg 标注工具工作界面会出现待标注的第一张图片，如

图 5-3 所示。

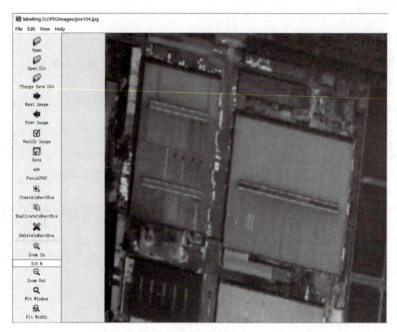

图 5-3　LabelImg 标注工具开始标注界面

（2）选择【Create\nRectBox】选项开始标注图片，并选择标注类别，单击【OK】按钮即成功标注，如图 5-4 所示。

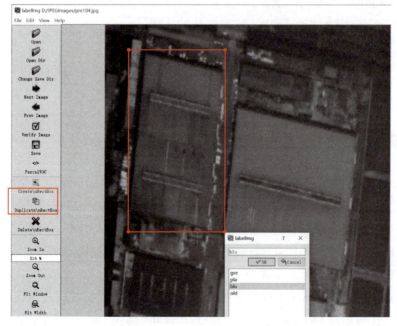

图 5-4　标注过程

依类别标注完图中所有待标注目标后，单击【Save】按钮，将图片标注后对应的 XML 文件保存到相应文件夹下。

（3）单击【Next Image】按钮，继续下一张图片的标注，直至标注完所有待标注图片，原图片文件和生成的 XML 文件会分别放入后续 keras-yolo3-master\VOCdevkit\VOC2007\ 目录下的 JPEGImages 和 Annotations 文件夹中。

违章建筑
数据标注

任务 5-2　违章建筑检测深度学习算法模型的实现

■ 任务目标

•掌握Pycharm加载预权重对网络模型进行使用的方法。

•掌握Pycharm训练和测试YOLOv3网络模型的方法。

■ 任务描述

本任务要使用预权重对网络进行预测，独立完成项目中YOLOv3网络模型的搭建、训练和测试过程。

■ 任务分析

本任务要求读者能够编写YOLOv3网络训练和预测代码，调整网络参数，将训练好的模型载入测试程序，并利用单张图片、批量图片、视频数据测试训练好的网络模型。

知识准备

1. 项目训练算法原理及网络结构

Darknet53 神经网络采用全卷积结构，同时通过级联不同尺度的特征，可以使得网络对不同尺度的目标具有更好的适应性。Darknet53 在精度上可以与最先进的分类器相媲美，同时它的浮点运算更少，计算速度也最快。YOLO 是一种端到端的目标检测模型，YOLO 算法是通过特征提取网络对输入图片提取特征，得到特定大小的特征图输出。YOLOv3 算法的骨干网络是 Darknet53 网络，预测支路采用的是全卷积结构。

YOLOv3 在训练过程中随机选择输入尺度，但必须是 32 的倍数，如 [320，352，384，416，448，480，512，544，576，608]。此外，由于 8 倍尺度降低的感受也更小，因此该尺度适用于检测小目标。相应地，26×26 适合检测中等大小的目标，13×13 适合检测大目标。YOLOv3 通过在三个尺度（（13×13），（26×26），（52×52））的特征图上进行目标检测，可对输入图片进行粗、中和细网格划分，以便分别实现对大、中和小物体的预测。

2. 项目代码流程

YOLOv3 的目标识别的源代码流程大致如下。

（1）设置默认值并初始化，如图 5-5 所示。

默认值	_defaults	"model_path": 'model_data/yolo.h5.	已经训练好的模型。convert.py 将 yolov3.weights 转换为 Keras 的格式（会用到说明文件：yolov3.cfg）
		"anchors_path": 'model_data/yolo_anchors.txt.h5	通过聚类算法得到三组九个anchor box，分别用于 13×13、26×26、52×52的feature map
		"classes_path": 'model_data/coco_classes.txt.	可识别的 COCO 类别列表，一共 80 个
		"score": 0.3.	框置信度阈值，小于阈值则目标框被抛
		"iou": 0.45.	IOU（Intersectign over Vnion）阈值，大于國值的重叠框被删除
		"model_image_size": (416,416).	输入图片的标准尺寸：不同于这个尺寸的输入图片会被调整到标准大小
		"gpu_num": 1.	GPU 数量，通常是指 Nvidia 的 GPU
初始化	__init__()	self.boxes, self.scores, self.classes = self.generate()	由 generate() 函教完成目标检测

图 5-5　设置默认值并初始化

（2）detect_image() 将图片缩放成 416×416 大小，调用 yolo_model()，生成 13×13、26×26 与 52×52 三个 featuremap 的输出，对这三个 featuremap 进行预测，调用 yolo_eval() 函数得到目标框、目标框置信度和类别，然后使用 Pillow 对发现的每一类对象的每一个目标框绘制标签、框和文字，如图 5-6 所示。

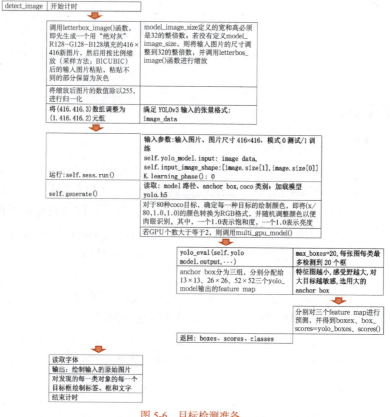

图 5-6　目标检测准备

（3）在 yolo_eval() 函数中调用 yolo_boxes_and_scores() 得到目标框、目标框置信度和类别。在 yolo_boxes_and_scores() 函数中先调用 yolo_head() 函数，计算每一个网格的目标对象的中心点坐标 box_xy 和目标框的宽与高 box_wh，以及目标框的置信度 box_confidence 和类别置信度 box_class_probs；然后调用 yolo_correct_boxes()，将 box_xy, box_wh 转换为输入图片上的真实坐标，输出 boxes 框的左下、右上两个坐标 (y_min, x_min, y_max, x_max)，如图 5-7 所示。

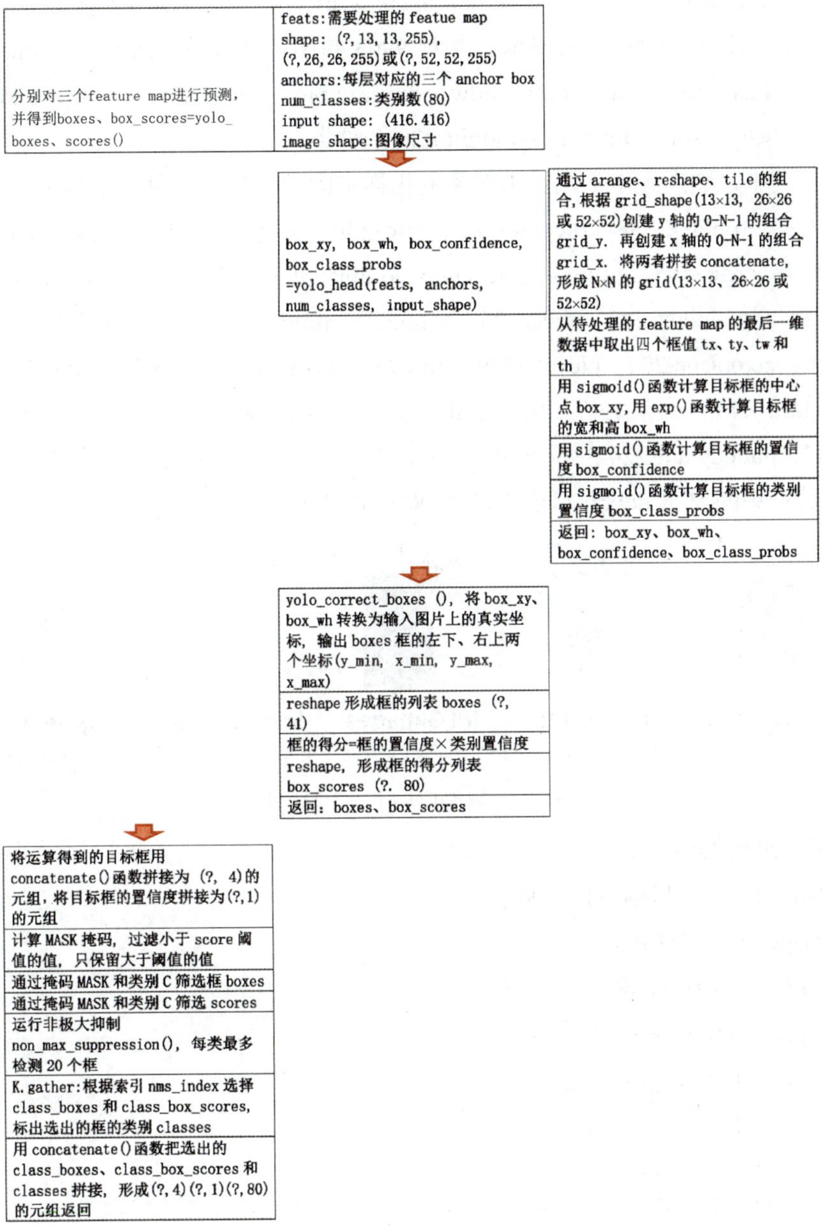

分别对三个feature map进行预测，并得到boxes、box_scores=yolo_boxes、scores()	feats:需要处理的featue map shape: (?, 13, 13, 255), (?, 26, 26, 255) 或(?, 52, 52, 255) anchors:每层对应的三个anchor box num_classes:类别数(80) input shape: (416. 416) image shape:图像尺寸

box_xy, box_wh, box_confidence, box_class_probs =yolo_head(feats, anchors, num_classes, input_shape)

通过 arange、reshape、tile 的组合，根据 grid_shape(13×13、26×26 或 52×52)创建 y 轴的 0-N-1 的组合 grid_y. 再创建 x 轴的 0-N-1 的组合 grid_x. 将两者拼接 concatenate，形成 N×N 的 grid(13×13、26×26 或 52×52)

从待处理的 feature map 的最后一维数据中取出四个框值 tx、ty、tw 和 th

用 sigmoid()函数计算目标框的中心点 box_xy，用 exp()函数计算目标框的宽和高 box_wh

用 sigmoid()函数计算目标框的置信度 box_confidence

用 sigmoid()函数计算目标框的类别置信度 box_class_probs

返回: box_xy、box_wh、box_confidence、box_class_probs

yolo_correct_boxes ()，将 box_xy、box_wh 转换为输入图片上的真实坐标，输出 boxes 框的左下、右上两个坐标(y_min, x_min, y_max, x_max)

reshape 形成框的列表 boxes (?, 41)

框的得分=框的置信度×类别置信度

reshape, 形成框的得分列表 box_scores (?. 80)

返回: boxes、box_scores

将运算得到的目标框用 concatenate()函数拼接为 (?, 4)的元组，将目标框的置信度拼接为(?,1)的元组

计算 MASK 掩码，过滤小于 score 阈值的值，只保留大于阈值的值

通过掩码 MASK 和类别 C 筛选框 boxes

通过掩码 MASK 和类别 C 筛选 scores

运行非极大抑制 non_max_suppression()，每类最多检测 20 个框

K.gather:根据索引 nms_index 选择 class_boxes 和 class_box_scores，标出选出的框的类别 classes

用 concatenate()函数把选出的 class_boxes、class_box_scores 和 classes 拼接，形成(?,4)(?,1)(?,80)的元组返回

图 5-7 目标检测

（4）完整的代码流程即为按照上述（1）→（2）→（3）的顺序执行，并把（2）中对标签、目标框和文字的绘制操作放到最后一步执行。

任务 5-2-1 预权重载入目标识别网络

借助已有权重文件实现快速目标识别功能，已有权重文件是 YOLOv3 目标识别算法训练 VOC 数据集中不同种类对象得出的目标识别模型。VOC 数据集中，训练集有 5011 幅图像，测试集有 4952 幅图像，共计 9963 幅图，共包含 aeroplane、bicycle、bird、boat、bottle、bus、car、cat、chair、cow、diningtable、dog、horse、motorbike、person、pottedplant、sheep、sofa、train 和 tvmonitor 20 个种类。

20 个类别中，数据集中不同类别对象的正样本图像个数（非目标个数）如下。

训练集：aeroplane-238、bicycle-243、bird-330、boat-181、bottle-244、bus-186、car-713、cat-337、chair-445、cow-141、diningtable-200、dog-421、horse-287、motorbike-245、person-2008、pottedplant-245、sheep-96、sofa-229、train-261、tvmonitor-256。

测试集：aeroplane-204、bicycle-239、bird-282、boat-172、bottle-212、bus-174、car-721、cat-322、chair-417、cow-127、diningtable-190、dog-418、horse-274、motorbike-222、person-2007、pottedplant-224、sheep-97、sofa-223、train-259、tvmonitor-229。

VOC 数据集的 VOCdevkit 目录下的 VOC2007 中有图 5-8 所示的文件。

Annotations　ImageSets　JPEGImages　Segmentatio nClass　Segmentatio nObject

图 5-8　VOCdevkit 目录下的文件

数据集的组成架构如下。

（1）Annotations：目标真值区域。

（2）ImageSets：类别标签。

（3）JPEGImages：图像。

（4）SegmentationClass：分割类。

（5）SegmentationObject：分割目标。

其具体架构如下。

```
Annotation-> *.xml
ImageSets-> Action-> *_train.txt、*_trainval.txt、*_val.txt
  Layout-> train.txt、trainval.txt、val.txt
  Main-> *_train.txt、*_trainval.txt、*_val.txt
```

```
    Segmentation-> train.txt、trainval.txt、val.txt
JPEGImages-> *.jpg
SegmentationClass-> *.png
SegmentationObject-> *.png
```

其中，JPEGImages 文件夹中包含 PASCALVOC 提供的所有图片信息，包括训练图片和测试图片，即用来进行训练和测试验证的图像数据，如图 5-9 所示。

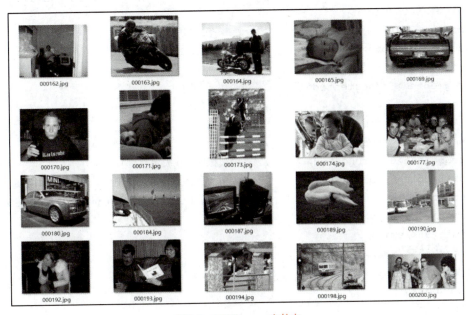

图 5-9　JPEGImages 文件夹

如图 5-10 所示，Annotations 文件夹中存放的是 XML 格式的标签文件，每一个标签文件都对应于 JPEGImages 文件夹下的一张图片。

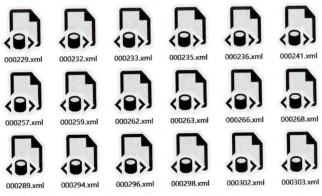

图 5-10　Annotations 文件夹

XML 文件的具体格式如下。

```
<annotation>
<folder>VOC2012</folder>
```

```
<filename>2007_000392.jpg</filename>                    // 文件名
<source>                                             // 图像来源（不重要）
<database>The VOC2007 Database</database>
<annotation>PASCAL VOC2007</annotation>
<image>flickr</image>
</source>
<size>                                               // 图像尺寸（长宽以及通道数）
<width>500</width>
<height>332</height>
<depth>3</depth>
</size>
<segmented>1</segmented>                              // 是否用于分割
<object>                                             // 检测到的物体
<name>horse</name>                                   // 物体类别
<pose>Right</pose>                                   // 拍摄角度
<truncated>0</truncated>                             // 是否被截断（0 表示完整）
<difficult>0</difficult>                                   // 目标是否难以识别（0 表示容易识别）
<bndbox>                                         //bounding-box（包含左下角和右上角 x、y 坐标）
<xmin>100</xmin>
<ymin>96</ymin>
<xmax>355</xmax>
<ymax>324</ymax>
</bndbox>
</object>
<object>                                             // 检测到多个物体
<name>person</name>
<pose>Unspecified</pose>
<truncated>0</truncated>
<difficult>0</difficult>
<bndbox>
<xmin>198</xmin>
<ymin>58</ymin>
<xmax>286</xmax>
<ymax>197</ymax>
</bndbox>
</object>
</annotation>
```

ImageSets 文件夹中存放的是每一种类型的 challenge 对应的图像数据，如图 5-11 所示。

Layout　　Main　　Segmentation

图 5-11　ImageSets 文件夹

图 5-11 中，Layout 中存放的是具有人体部位的数据（人的头、手、脚等，这也是 VOCchallenge 的一部分）；Main 中存放的是图像中物体识别结果的数据，总共分为 20 类；Segmentation 中存放的是可用于分割的数据。

分类目标识别只关注文件夹 Main，其内部存储了 20 个分类类别标签，其中 *_train.txt 为训练样本集，存放训练使用的数据；*_val.txt 为评估样本集，存放验证结果使用的数据；*_trainval.txt 为训练与评估样本汇总，合并了 _train.txt 和 _val.txt。需要保证的是，train 和 val 两者没有交集，即训练数据和验证数据不能有重复，在选取训练数据时也应随机产生。

其具体步骤如下。

（1）下载 YOLOv3 代码，解压缩后用 Pycharm 打开，其中 VOCdevkit 文件夹是单独下载的 VOC 数据集，如图 5-12 所示。

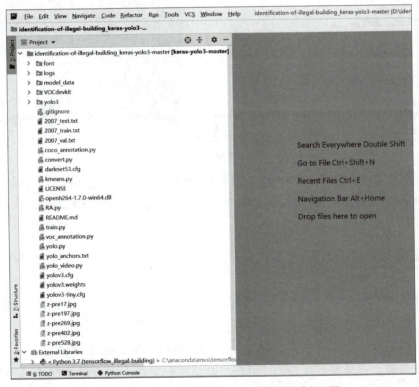

图 5-12　快速使用目标识别的 YOLOv3 代码程序打开图

（2）下载权重文件 yolov3.weights，并将权重文件放在 identification-of-illegal-building_keras-yolo3-master 文件夹中，如图 5-13 所示。

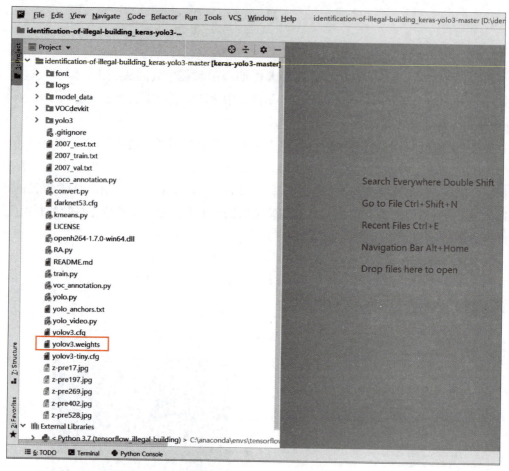

图 5-13　yolov3.weights 权重文件

（3）在 Pycharm 终端（terminal）执行 python convert.py yolov3.cfg yolov3.weights model_data/yolo.h5 命令，将 darknet 下的 YOLOv3 配置文件转换成 Keras 适用的 h5 文件，如图 5-14 所示。

图 5-14　YOLOv3 配置权重文件转换

部分转换过程如图 5-15 和图 5-16 所示，包含卷积等相关层的具体信息。

具体总参数、训练参数等的统计信息，以及成功将 darknet 下的 YOLOv3 配置文件转换成 model_data 文件夹下 Keras 适用的 yolo.h5 文件信息的提示如图 5-17 所示。

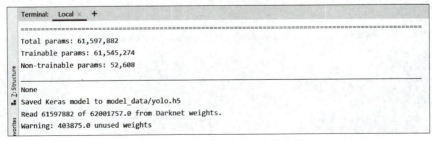

```
Terminal:   Local ×   +
conv2d bn leaky (3, 3, 32, 64)
Parsing section convolutional_2
conv2d bn leaky (1, 1, 64, 32)
Parsing section convolutional_3
conv2d bn leaky (3, 3, 32, 64)
Parsing section shortcut_0
Parsing section convolutional_4
conv2d bn leaky (3, 3, 64, 128)
Parsing section convolutional_5
conv2d bn leaky (1, 1, 128, 64)
Parsing section convolutional_6
conv2d bn leaky (3, 3, 64, 128)
Parsing section shortcut_1
Parsing section convolutional_7
conv2d bn leaky (1, 1, 128, 64)
Parsing section convolutional_8
conv2d bn leaky (3, 3, 64, 128)
Parsing section shortcut_2
Parsing section convolutional_9
conv2d bn leaky (3, 3, 128, 256)
```

图 5-15　YOLOv3 配置权重文件转换过程 1

```
Terminal:   Local ×   +
Parsing section yolo_2

Layer (type)                          Output Shape            Param #      Connected to
===================================================================================
input_1 (InputLayer)                  (None, None, None, 3 0

conv2d_1 (Conv2D)                     (None, None, None, 3 864       input_1[0][0]

batch_normalization_1 (BatchNor       (None, None, None, 3 128       conv2d_1[0][0]

leaky_re_lu_1 (LeakyReLU)             (None, None, None, 3 0         batch_normalization_1[0][0]

zero_padding2d_1 (ZeroPadding2D)      (None, None, None, 3 0         leaky_re_lu_1[0][0]

conv2d_2 (Conv2D)                     (None, None, None, 6 18432     zero_padding2d_1[0][0]

batch_normalization_2 (BatchNor       (None, None, None, 6 256       conv2d_2[0][0]

leaky_re_lu_2 (LeakyReLU)             (None, None, None, 6 0         batch_normalization_2[0][0]
```

图 5-16　YOLOv3 配置权重文件转换过程 2

```
Terminal:   Local ×   +
===================================================================================
Total params: 61,597,882
Trainable params: 61,545,274
Non-trainable params: 52,608

None
Saved Keras model to model_data/yolo.h5
Read 61597882 of 62001757.0 from Darknet weights.
Warning: 403875.0 unused weights
```

图 5-17　YOLOv3 配置权重文件转换成功

（4）在 Pycharm 终端（terminal）执行 python yolo_video.py--image 命令，如图 5-18 所示。

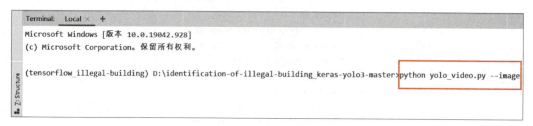

图 5-18　快速目标识别检测命令

输入图片名称，即可借助 model_data 文件下的 yolo.h5 文件实现快速目标识别功能，如图 5-19 所示。

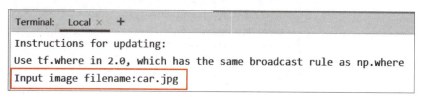

图 5-19　输入图片名称

快速目标检测结果如图 5-20 所示，以车和飞机为例，其中车辆识别置信度分别为 1.00 和 0.99，飞机识别置信度分别为 0.96、0.69、0.93。

图 5-20　快速目标检测结果

任务 5-2-2 模型训练准备

通过 YOLOv3 目标检测算法训练违章建筑数据集，不仅可以实现快速识别违章建筑，把违章建筑所在位置用方框标记出来，还可以对不同类别违章建筑进行区分并展示识别的置信度。可识别的违章建筑有违章棚房（gre）、塑料板房（pla）、蓝色钢板房（blu）和劣质 / 老旧铁皮房（old）四类，其中，括号中的英文字母是相应类别违章建筑的简称。违章建筑识别模型训练准备的步骤如下。

（1）下载 YOLOv3 代码，解压缩后用 Pycharm 打开。首先，在 YOLOv3 工程下新建一个自己的 VOCdevkit 文件夹，目录结构为 VOCdevkit/VOC2007，建立 VOC 数据集下相同的文件夹 Annotations、ImageSets（该目录下建立 Layout、Main 和 Segmentation 三个文件）、JPEGImages(放置项目所有的图片）、SegmentationClass、SegmentationObject，违章建筑识别项目实现过程中主要用到 Annotations、ImageSets 和 JPEGImages 文件夹，如图 5-21 所示。

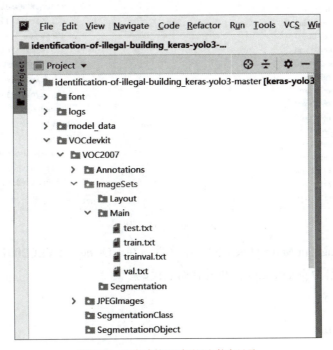

图 5-21 违章建筑识别项目文件夹目录

此外，在 Pycharm 终端（terminal）执行 python convert.py yolov3.cfg yolov3.weights model_data/yolo.h5 命令，将 darknet 下的 YOLOv3 配置文件转换成 Keras 适用的 h5 文件。

（2）数据处理。对项目中 JPEGImages 文件夹中的图片进行标注处理，生成 Annotations 文件夹中一一对应的 XML 格式文件，XML 文件名与 JPEGImages 文件夹中的图片名称一一对应，如图 5-22 所示。

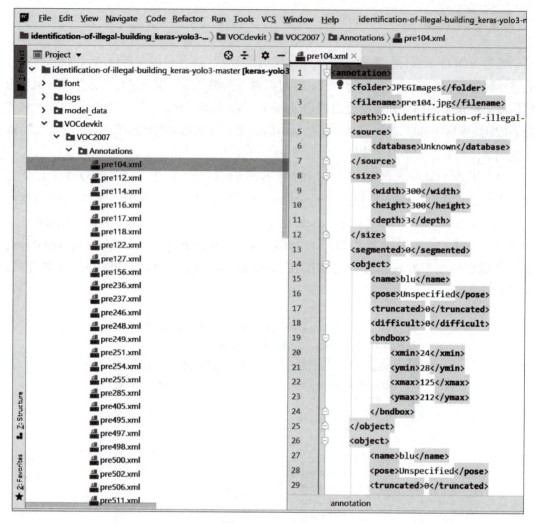

图 5-22　XML 文件

（3）生成 ImageSet/Main 目录下的四个文件。在 VOCdevkit/VLC2007 目录下新建一个 Python 文件并命名为 generate.py，并复制如下代码。

```python
#generate.py
import os
import random


# 训练验证集占总数据集的比例
trainval_percent = 0.1
# 训练集占总数据集的比例
train_percent = 0.9
# 数据集来源文件位置
xmlfilepath = 'Annotations'
# 数据集分配后图片名称的保存位置
txtsavepath = 'ImageSets\Main'
```

```
# 在 xmlfilepath 中提取出所有 XML 文件
total_xml = os.listdir(xmlfilepath)

# 总数据集（XML 文件）数目
num = len(total_xml)

list = range(num)
# 计算训练验证集（XML 文件）数目
tv = int(num * trainval_percent)
# 计算训练集（XML 文件）数目
tr = int(tv * train_percent)
# 在总数据集中随机选择训练验证集图片
trainval = random.sample(list, tv)
# 在训练验证集中随机选择训练集图片
train = random.sample(trainval, tr)

# 保存训练验证集所选图片名称的文本文件
ftrainval = open('ImageSets/Main/trainval.txt', 'w')
# 保存测试集所选图片名称的文本文件
ftest = open('ImageSets/Main/test.txt', 'w')
# 保存训练集所选图片名称的文本文件
ftrain = open('ImageSets/Main/train.txt', 'w')
# 保存验证集所选图片名称的文本文件
fval = open('ImageSets/Main/val.txt', 'w')

# 将相应集合的文件名保存到相应的文本文件中
for i in list:
  name = total_xml[i][:-4] + '\n'
  if i in trainval:
    ftrainval.write(name)
    if i in train:
      ftest.write(name)
    else:
      fval.write(name)
  else:
    ftrain.write(name)

# 关闭相应文件
ftrainval.close()
ftrain.close()
fval.close()
ftest.close()
```

运行代码后实现数据集划分，生成 trainval.txt、test.txt、train.txt 和 val.txt 文件，文件中保存着不同集合的图片名称，如图 5-23 所示。

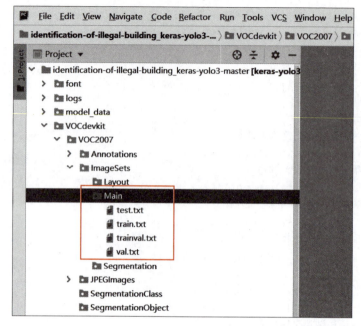

图 5-23　test.txt、train.txt、trainval.txt 和 val.txt 文件

（4）YOLOv3 不能直接使用生成的数据集，需要运行 voc_annotation.py，生成相应文件。在 voc_annotation.py 中修改数据集，如图 5-24 所示。

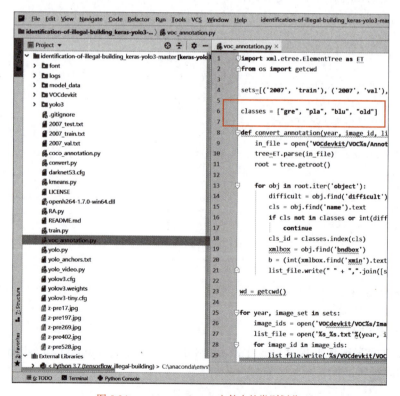

图 5-24　voc_annotation.py 文件中的类别划分

运行 voc_annotation.py 后，生成图 5-25 所示的三个 .txt 文件。

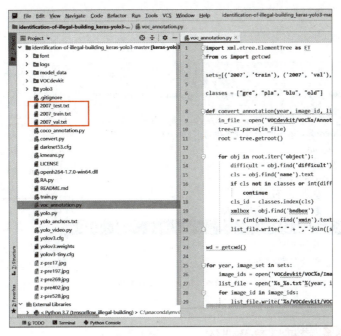

图 5-25 voc_annotation.py 文件运行结果

（5）修改参数文件 YOLOv3.cfg。打开 YOLOv3.cfg 文件，搜索"YOLO"（共出现三次），每次均按图 5-26 进行修改。

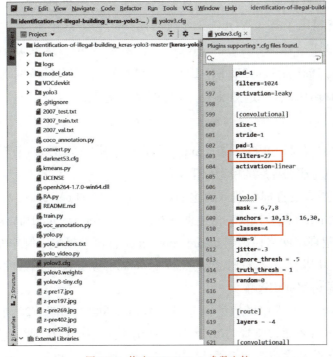

图 5-26 修改 YOLOv3.cfg 参数文件

其中，filters 计算为 27，classes 为要训练的类别数（四类违章建筑），random 原为 1，如果显存小则改为 0。

（6）修改 model_data 下的 voc_classes.txt 为自己训练的类别，如图 5-27 所示。

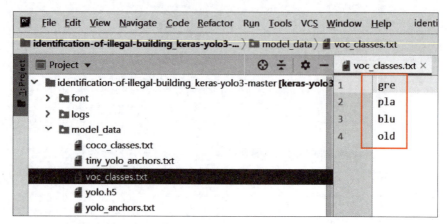

图 5-27　修改 voc_classes.txt 文件中的类别

任务 5-2-3　模型搭建及训练

1. 搭建模型

模型是整个项目中最基础也是最重要的一部分，在 model.py 代码中从最基本的 CNN 网络开始搭建出了整个 YOLOv3 算法的网络结构。其中主要有定义第一个卷积层 DarknetConv2D_BN_Leaky 的 DarknetConv2D() 函数模块、定义 Darknet 的二维卷积 DarknetConv2D 的 DarknetConv2D_BN_Leaky() 函数模块、定义残差网络 resblock_body 的 resblock_body() 函数模块，并定义以 52 个卷积当作主题网络。

2. 训练模型

训练是整个项目的核心内容，在 train.py 的代码中使用 YOLOv3 算法对处理后的数据集进行迭代训练，生成训练后的模型权重文件。

train.py 中主要有设置训练细节的主函数、获取类别的 get_classes() 函数模块、获取 anchors 的 get_anchors() 函数模块、构建训练网络模型的 create_model() 函数模块、针对小型数据集处理构建训练网络模型的 create_tiny_model() 函数模块、制作 label 标签的 data_generator() 函数模块以及读取数据长度的 data_generator_wrapper() 函数模块。

下面将分步骤讲解训练过程。

（1）修改 train.py 文件中的模型保存路径为 logs/000/，如图 5-28 所示。需要注意的是，如果计算机显存不足以支撑 GPU 运行 train.py 代码进行模型训练，则将图 5-28 中被红框标记的注释部分解除注释，使用计算机 CPU 进行训练，相较于 GPU，CPU 速度会显著下降。

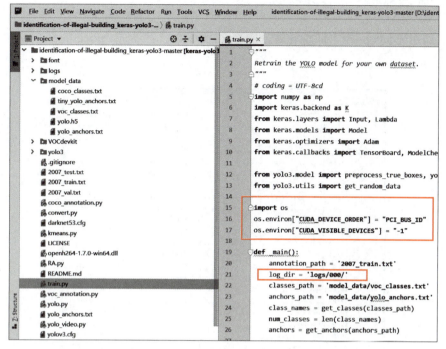

图 5-28　修改 train.py 文件保存路径

（2）根据项目目标以及训练效果要求修改训练轮数，即 epochs 的数值，如图 5-29所示。

```
if True:
    for i in range(len(model.layers)):
        model.layers[i].trainable = True
    model.compile(optimizer=Adam(lr=1e-4), loss={'yolo_loss': lambda y_true, y_pred: y_pred}) # recompile to apply the change
    print('Unfreeze all of the layers.')

    batch_size = 5 # note that more GPU memory is required after unfreezing the body
    print('Train on {} samples, val on {} samples, with batch size {}.'.format(num_train, num_val, batch_size))
    model.fit_generator(data_generator_wrapper(lines[:num_train], batch_size, input_shape, anchors, num_classes),
        steps_per_epoch=max(1, num_train//batch_size),
        validation_data=data_generator_wrapper(lines[num_train:], batch_size, input_shape, anchors, num_classes),
        validation_steps=max(1, num_val//batch_size),
        epochs=50,
        initial_epoch=1,
        callbacks=[logging, checkpoint, reduce_lr, early_stopping])
    model.save_weights(log_dir + 'trained_weights_final.h5')
```

图 5-29　修改训练轮数

（3）运行 train.py，开始训练。训练开始会先在 run 界面显示 YOLOv3 的 anchor 数和类别数，加载模型、冻结的神经网络情况（前 N 个 epoch 冻结部分神经网络层进行训练，N 根据效果需求在代码中自行设置，详见 train.py 文件的代码详解）以及训练集、验证集样本数和 batch 大小（每批次训练的图片数）。具体代码如下。

```
create YOLOv3 model with 9 anchors and 4 classes.
```

169

```
load weights model_data/yolo_weights.h5.
freeze the first 249 layers of total 252 layers.
train on 497 samples, val on 55 samples, with batch size 6.
```

（4）显示不同 epoch（训练轮数）下的相关参数，第 1 轮 epoch 的部分相关参数如图 5-30 所示。

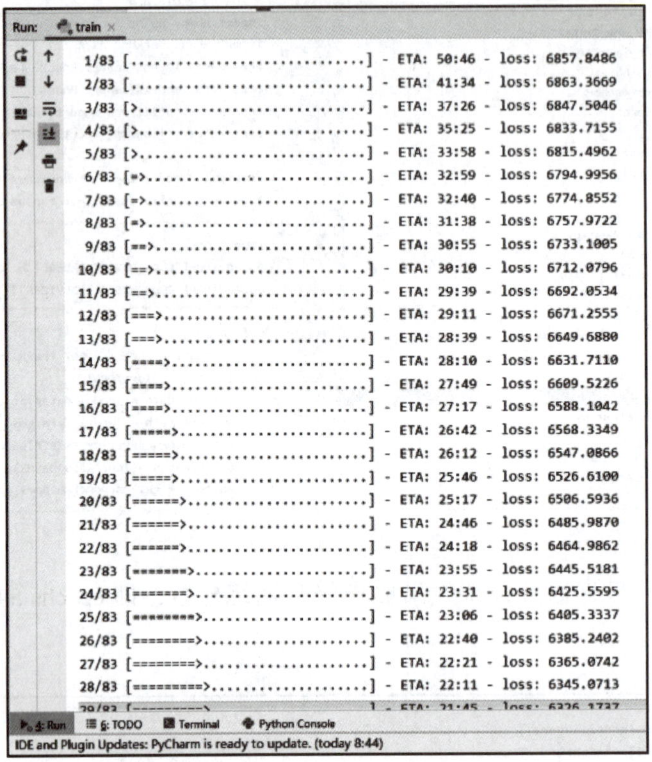

图 5-30　第 1 轮 epoch 的部分相关参数

图 5-30 中，选择 83 与数据集中的图片张数和 batch 值有关，ETA 指的是进行完剩下整个 epoch 所需时间，loss 指的是进行完每一 batch 训练后的损失值。

程序进行到每个 epoch 的最后一个 batch 训练后，会显示模型在验证集上的损失值；在进行完冻结部分网络的前 N 个 epoch 的训练后，解冻所有神经网络层，进行接下来 M 个 epoch 的训练，并显示训练集、验证集样本数和 batch 大小（每批次训练的图片数）。具体代码如下。

```
unfreeze all of the layers.
train on 830 samples, val on 92 samples, with batch size 10.
epoch N+1/M
```

（5）训练开始后，则显示迭代过程中的 ETA、loss 参数，一般 loss 值下降到 20 以下就会有比较理想的效果。进行完所有 epoch 后结束训练，生成 log/000/ 目录下的模型权重文件 trained_weights_final.h5，如图 5-31 所示。

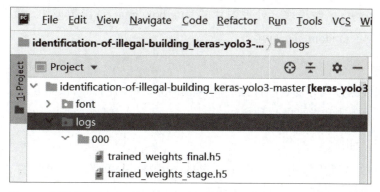

图 5-31　训练完毕后生成 log/000/ 目录下的模型权重文件 trained_weights_final.h5

任务 5-2-4 模型预测及预测结果

在训练完成之后，需要测试训练完成的网络权重参数是否合理。因此，需要编写预测代码，完成对模型的预测。本项目分别使用单张图片、批量图片和视频数据完成对模型的预测。

1. 预测函数

预测是整个项目的最后一部分，即通过训练得到的模型权重文件对测试图片进行目标识别预测，实现代码主要包含 yolo.py、yolo_video.py，以及进行边界框预测的 Kmeans.py。

1）yolo.py

yolo.py 主要是进行目标识别预测的调用过程中的准备工作，其中主要有 YOLO 类下相关参数的默认设置以及初始化、加载权重参数文件、生成检测框和置信度类别的 generate() 函数模块、进行图片预测处理的 detect_image() 函数模块以及单独进行视频预测处理的 detect_video() 函数模块。

2）yolo_video.py

yolo_video.py 是目标识别预测的调用过程中的最后一步，主要包括调用图片预测的 detect_img() 函数模块以及主函数中的预测输入指令参数设定，其中 detect_img() 函数包括单张图片预测和批量图片预测两种。

3）Kmeans.py

yolo_video.py 为每种下采样尺度设定三种先验框，通过 K-means 聚类方法聚类出九种尺寸的先验框，并通过一系列具体操作后实现边界框的预测。

4）其他函数

utils.py 中的函数为 mode.py、yolo.py 和 train.py 等代码文件调用，其中主要有组合多个函数的 compose() 函数模块、处理图片的 letterbox_image() 函数模块、实现数据增加和图像预处理的 get_random_data() 函数模块。

2. 预测步骤

目标识别预测方式分别有图片预测和视频预测，针对图片的预测方式主要有单张图片预测和批量图片预测。

违章建筑检测项目单张图片预测结果

1）单张图片预测

（1）进行单张图片预测时，对 yolo_video.py 文件中单张图片预测的 detect_img() 函数解除注释，如图 5-32 所示。

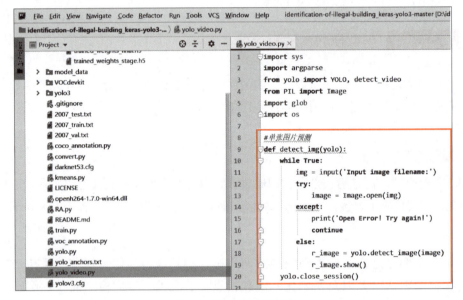

图 5-32　单张图片预测函数

（2）在 Pycharm 的终端（terminal）输入 python yolo_video.py--image 命令，如图 5-33 所示。

```
Terminal:    Local  ×    +
Microsoft Windows [版本 10.0.19042.928]
(c) Microsoft Corporation。保留所有权利。

(tensorflow_illegal-building) D:\identification-of-illegal-building_keras-yolo3-master>python yolo_video.py --image
```

图 5-33　目标识别检测命令

（3）在输入界面再输入图片名称，如图 5-34 所示。

```
Terminal:    Local ×    +
Instructions for updating:
Use tf.where in 2.0, which has the same broadcast rule as np.where
Input image filename:pre17.jpg
```

图 5-34　输入图片名称

（4）按 Enter 键即可实现违章建筑识别预测，其中两个预测目标框分别为 blu0.99 和 blu1.00，即分别以 0.99 和 1 的置信度识别预测蓝色钢板房，如图 5-35 所示。

图 5-35　蓝色钢板房识别结果

（5）其他三种违章建筑检测结果如图 5-36 所示，其中相应的违章建筑被标记框标记出来并附上相应违章建筑类别以及预测的置信度，第一张是塑料板房（pla，置信度分别为 0.96、0.96 和 0.97），第二张是劣质 / 老旧铁皮房（old，置信度分别为 0.98 和 0.83），第三张是违章棚房（gre，置信度分别为 0.95、0.99 和 1.00）。

图 5-36　目标识别检测结果

173

图 5-36（续）

（6）由于遥感图片像素有限，而且目标识别检测标记框清晰度与图像像素有关，因此为了更清晰准确地获取违章建筑位置以及置信度，在终端界面对标记框数目、类别、位置信息和置信度进行了输出，如图 5-37 所示。

```
Found 2 boxes for img
blu 0.99 (72, 43) (219, 148)
blu 1.00 (76, 170) (220, 265)
```

图 5-37　输出标记框数目、类别、位置信息和置信度

2）批量图片预测

（1）进行批量图片预测时，对 yolo_video.py 文件中批量图片预测的 detect_img() 函数解除注释，并注释掉单张图片预测的 detect_img() 函数，如图 5-38 所示。

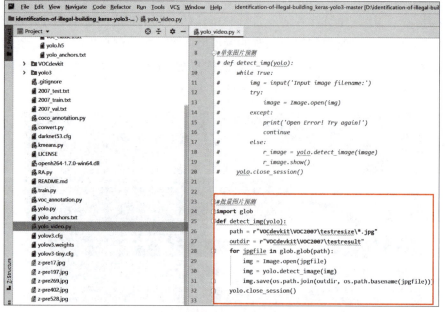

图 5-38　批量图片预测函数

（2）在 Pycharm 的终端（terminal）输入 Python yolo_video.py--image 命令，即可实现批量图片预测，其中 testresize 文件夹存放的是待预测图片，如图 5-39 所示。

违章建筑检测
项目批量图片
预测结果

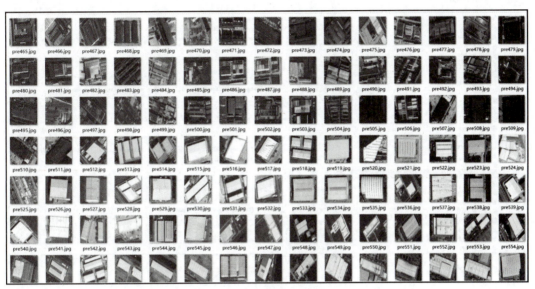

图 5-39　待预测图片

（3）testresult 文件夹存放的是预测后的图片，如图 5-40 所示。

图 5-40　预测后的图片

3）视频预测（拓展内容）

（1）在 yolo_video.py 中输入待预测的视频名称，如图 5-41 所示。

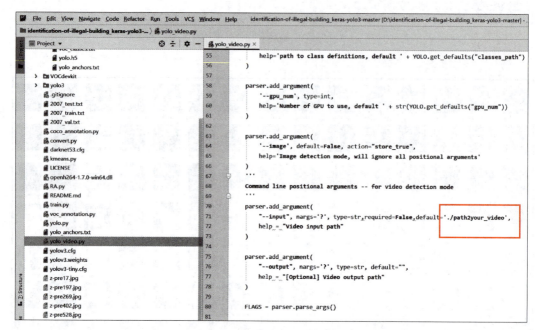

图 5-41　输入待预测的视频名称

（2）在 Pycharm 的终端（terminal）输入 Python yolo_video.py --input 命令，即可实现对待预测视频的目标识别检测。

以上任务的详细操作步骤见电子实验手册（高级）"实验 9　违章建筑检测算法实现及应用系统"。

◆ 项目总结 ◆

本项目借助 Pycharm 开发平台，从模型搭建、训练、预测、可视化输出结果 4 个方面学习了 YOLOv3 目标识别算法，并分别使用单张图片、批量图片数据对模型进行了测试，模拟实现了违章棚房（gre）、塑料板房（pla）、蓝色钢板房（blu）和劣质 / 老旧铁皮房（old）四类违章建筑的识别，并且在大多数图片上都能以高精度检测出图片中的违章建筑类别并输出置信度。同时，在项目实现过程中学习了数据集预处理方法、YOLOv3 模型训练方法，以及预测代码的编写，让读者学习了如何使用深度学习算法开发一个完整的项目。本项目代码量较大，网络结构复杂，读者可以根据自身水平选择完成，这是本书的拓展项目。

练习题

1.（单选题）在模型训练时，调用 yolo_eval() 函数可以得到目标框、目标框得分以及（　　）。

　　A. 目标框数量　　　B. 目标框大小　　　C. 概率　　　　　　D. 类别

2.（多选题）在违章建筑检测项目中，YOLOv3 目标识别检测算法可以实现（　　）预测违章建筑。

　　A. 单张照片　　　B. 批量图片　　　C. 语音

　　D. 视频　　　　　E. 文本

3.（多选题）yolo_loss() 函数模块定义的是一些损失函数，这些损失函数包括（　　）。

　　A. 坐标损失　　　B. 预测损失　　　C. 结果损失

　　D. 置信度损失　　E. 类别损失

4.（多选题）在违章建筑检测项目中，违章建筑包含（　　）。

　　A. 违章棚房　　　B. 塑料板房　　　C. 蓝色钢板房　　　D. 小平房

　　E. 篷房　　　　　F. 劣质（老旧）铁皮房

5.（判断题）由于原始的数据集中的图片大小不一、文件名不统一，因此标注完成后的 XML 文件难以被 YOLOv3 网络直接使用。（　　）

附录1

子账户的创建及登录

（1）进入阿里云平台官网（https://www.aliyun.com），单击【登录】按钮，如附图 1-1 所示跳转到阿里云登录页面。

附图 1-1　单击【登录】按钮

（2）可以用手机支付宝 App 扫描二维码进行登录，登录界面如附图 1-2 所示。

附图 1-2　登录界面

（3）登录成功后，单击【我的阿里云】按钮，如附图 1-3 所示。

附图 1-3　单击【我的阿里云】按钮

（4）单击【账号管理】按钮，如附图 1-4 所示。

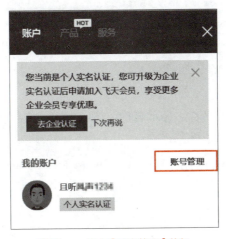

附图 1-4　单击【账户管理】按钮

（5）单击右上角用户头像，弹出表单，单击表单中【访问控制】按钮，如附图 1-5 所示。

附图 1-5　单击【访问控制】按钮

（6）在左侧菜单栏选择【用户】选项，单击【创建用户】按钮，如附图 1-6 所示。

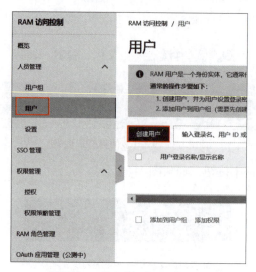

附图 1-6　单击【创建用户】按钮

（7）根据需要设置登录名称、显示名称、访问方式、控制台密码等参数，设置完成后单击【确定】按钮，如附图 1-7 所示。

附图 1-7　设置用户参数

（8）可以看到创建成功的子账号，如附图 1-8 所示。

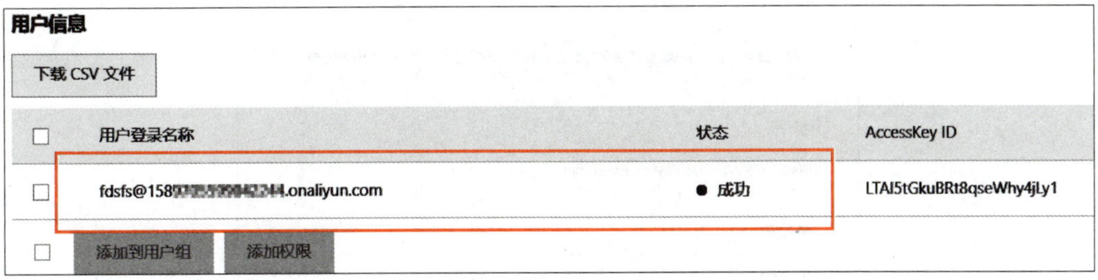

附图 1-8　创建成功的子账号

（9）访问 https://ram.console.aliyun.com/users，单击【RAM 用户登录】按钮，如附图 1-9 所示。

RAM用户登录

附图 1-9　单击【RAM 用户登录】按钮

（10）输入新创建的 RAM 用户名，单击【下一步】按钮，如附图 1-10 所示。

附图 1-10　输入用户名界面

（11）输入新密码，单击【确认重置】按钮，如附图 1-11 所示。

（12）子账号登录成功后即可对账号的权限进行设置，如附图 1-12 所示为 RAM 访问控制界面。

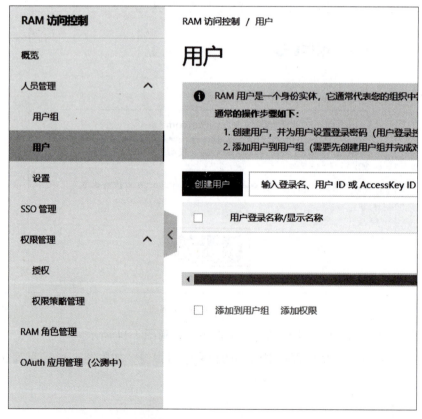

附图 1-11　密码重置界面

附图 1-12　RAM 访问控制界面

附录2

登录OSS管理控制台

可以访问 https://oss.console.aliyun.com/overview 登录账号并开通 OSS 服务，对象存储控制台如附图 2-1 所示。

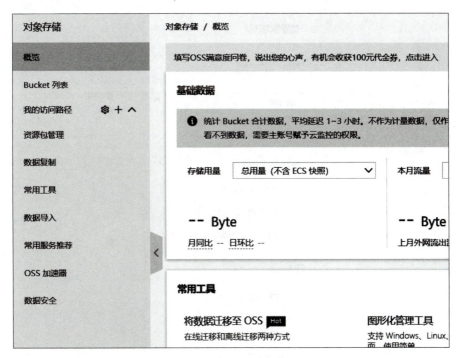

附图 2-1　阿里云对象存储控制台

DSW对访问实例的管理

（1）访问 https://pai.console.aliyun.com，登录 PAI 平台。

（2）在左侧菜单栏中选择【交互式建模（DSW）】选项，如附图 3-1 所示。

附图 3-1　选择【交互式建模（DSW）】选项

（3）在右侧有已经创建的 DSW 实例，右下角分别有【打开】【停止】【删除】等按钮，可以对 DSW 实例进行管理，也可以创建新的实例，如附图 3-2 所示。

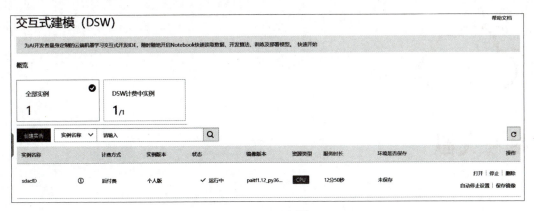

附图 3-2　DSW 实例界面

参考文献

[1] 张建锋 . 数字政府 2.0：数据智能助力治理现代化 [M]. 北京：中信出版社，2019.

[2] 张建锋 . 数字治理：数字时代的治理现代化 [M]. 北京：电子工业出版社，2021.